# THE **SPEECH**
# MATRIX

CARLOS FERRER

# THE **SPEECH**
# **MATRIX**

## SÉ EL **CEO** DE TU **AUDIENCIA**

Título original: *The Speech Matrix. Sé el CEO de tu audiencia.*
Autor: Carlos Ferrer.

Primera edición: 15 de abril de 2024.
Última actualización: 28 de abril de 2024.

Diseño y edición (cubierta, libro, *e-book*): Carlos Ferrer.
Foto de la cubierta: S. Hermann & F. Richter.

ISBN: 9798322410249.

*Copyright* © 2024 Carlos Ferrer.
Todos los derechos reservados.

*A vosotros, los amores de mi vida*

## Definición de CEO

CEO es una sigla de la lengua inglesa que procede de la expresión Chief Executive Officer (que puede traducirse como oficial ejecutivo en jefe). El concepto alude al cargo que ostenta la persona que tiene la mayor responsabilidad directiva en una empresa.

https://definicion.de/ceo

# NOTA PERSONAL

La gente que sabe de lo que está hablando no necesita PowerPoint

STEVE JOBS

«¡Odio el PowerPoint!». Así empecé un curso al que me pidieron asistir sobre presentaciones eficaces —tras preguntar el profesor qué esperábamos de la jornada—. Sí, puede que suene duro, incluso un poco descortés. Pero es verdad. Es lo que pienso. Y es, en cierta manera, lo que me solicitaron. Sabían que yo era ciertamente crítico —constructivamente hablando, siempre— con las maneras tradicionales de enfocar las cosas, que tendía a usar poco el PowerPoint y que en mis charlas, cursos o libros siempre buscaba salirme de lo que el resto de la humanidad hace porque así les enseñaron y no porque fuera lo mejor. Y eso hice, decir —para ayudar— lo que pienso, aunque pudiera romper algo el curso. Pero no fui más crítico que eso, no quería arruinar el curso, solo aportar. Volvamos a mis palabras iniciales: «¡Odio el PowerPoint!».

En realidad, no lo odio, eso suena feo. PowerPoint es una magnífica herramienta. ¡Qué haríamos sin ella! Pero, como muchas otras cosas en la vida, el problema no está en la herramienta, sino en su uso. Y más concretamente en su sobreuso. ¿Las drogas —las de farmacia— son malas? ¿El vino es malo? No y definitivamente no. Lo que es realmente malo es su uso cuando no procede o su abuso. Y lo mismo sucede con PowerPoint (o la herramienta de presentaciones que utilicemos, empleo esta por ser la más extendida y casi el estándar, pero todos sabemos que existen otras fantásticas). Me atrevo a afirmar que el 99% de la gente mal usa o abusa del PowerPoint. Y posiblemente me quede corto. Y de eso va este libro. De romper de una vez con ello y llevarte a ese 1%. Será muy fácil. Pero volvamos a ese curso con el que empezamos.

Me pidieron asistir por lo que comenté más arriba, pero me cogió en una semana llena de reuniones y líos que no me dejó atenderlo del todo. Justo cuando se iba a hacer un ejercicio con todos resulta que tenía una reunión con cliente ineludible y tuve que salirme. Solo escuché que teníamos una hora para preparar una presentación de la temática que quisiéramos siguiendo una estructura concreta que se proyectó en la pantalla de la sala. Yo me excusé amablemente y escapé a mi reunión. Pero tuve la fortuna de acabar unos minutos antes, así que corrí a ver si llegaba a tiempo —mi cita era por videoconferencia, estaba en la sala de al lado—. Pregunté al profesor que cuántos minutos quedaban, me dijo que cinco. Tras ello escuché a varios compañeros quejarse: «no me va a dar tiempo», «me van a faltar muchas diapositivas», y así. Quise retarme, porque de eso iba mi participación al curso como comenté, y traté de hacer el ejercicio. Miré la pantalla para ver la estructura que se pedía y me puse a hacerlo. Aunque suene arrogante, me sobró un minuto. Pero no por listo, claro. Esto tiene truco y de eso va este libro.

El profesor, consciente de mi posición retadora al curso —retadora con el único ánimo de ayudar, como dije, y de llevar a la reflexión al asistente, pero desde su lado como cómplice y no contra él como profesor—, me dejó para el final. Cada uno de mis compañeros fueron saliendo uno a uno, haciendo su exposición. Muchos sin haber podido acabar el trabajo, otros con un nivel de detalle increíble. Había cosas realmente muy buenas, la verdad. Un gran trabajo de todos. Y cuando me tocó, justo fui subrayando los puntos donde quería evidenciar —en base a todo lo que fui viendo en las exposiciones anteriores— lo que para mí representaba pertenecer a ese 1% que comenté más atrás. Al acabar hubo un mar de aplausos y el profesor destacó que fue la mejor presentación por diferencia de todas. ¡Cinco minutos! Miento, realmente fueron cuatro. Y ¿por qué? Lo vamos a ver más adelante. Pero posiblemente, como pista anticipada, sea por lo que comenté al principio: mal uso y sobreuso. ¿Es el PowerPoint lo más importante de una presentación? Este libro va de —como cita su título— *Sé el CEO de tu audiencia*. Es decir, buscamos liderar a la audiencia, ella es tu principal objetivo. Tu presentación no es un fin, es un medio. Una herramienta más. Como con las drogas o el vino. No siempre es bueno tomarlo y mucho menos abusar de ello. Buscamos el éxito con tu audiencia, no con tu PowerPoint.

CARLOS FERRER<br>
Barcelona<br>
24 de marzo de 2024

# ÍNDICE

El secreto para ser aburrido es contarlo todo

VOLTAIRE

## No poner índice

Pues no vamos a tener índice. Esta obra va de hablar en público, presentaciones, audiencia. Y ese es el primer error que cometemos —bajo mi punto de vista— en cualquier presentación que sea luego expuesta delante de una audiencia. Poner un índice. ¿Te imaginas ir al cine, sentarte en tu butaca en la sala, comenzar la película y ver un índice con todo lo que va a suceder? Punto 1, se conocen, punto 2, se casan, punto 3, tienen hijos, punto 4, él se muere, punto 5, ella se suicida. ¡Muy bien! Ya tenemos *spoiler*. ¡Pues muy mal! Si vas a estar delante de una audiencia para explicarla, es mejor no poner índice. Hay que mantener a la audiencia con los ojos abiertos. Con intriga. Sin saber muy bien qué viene a continuación. Cual película. Estamos en una sala de cine, no estamos leyendo un libro o documento. Diferente es si no estás delante para contarlo, entonces sí que debe ser *autoexplicativo* y sería correcto poner un índice. Si estás delante para defenderlo, cuenta la historia. Tú has de ser el director de esa película. Tú mandas. Tú eres el jefe. Tú eres el CEO. Tú marcas el ritmo y mantienes a la audiencia arriba. Tú pones la intriga.

En resumen: si tú estás delante para explicarlo, ¡tú eres el PowerPoint! Salvo que no estés delante, entonces, perfecto, ponlo. Que es cuando se manda por *email* o se entrega en mano. Si vas a poder estar presente y contarlo tú, no pongas ningún índice.

Como finalmente esto sí es un libro, vamos a poner el índice al final de este. Para que lo tengas como documento *autoexplicativo* que es, pues yo no estaré a tu lado para contártelo. Pero te pido por favor que no vayas a él hasta haber acabado la obra. Lo hago así adrede para ser ejemplo de cómo debe hacerse bajo mi punto de vista. En general cualquier libro sí es correcto poner un índice inicial, porque yo no estoy delante para defenderlo, salvo que quieras mantener cierto suspense. Pero aquí vamos a ser ejemplo, pues esta obra va de presentaciones y audiencia, y no lo haremos.

## Si pones algo, que sea abierto

Otra opción es que sea un índice que diga poco, que sea muy abierto, que dé espacio a imaginar sin cerrar nada. Por ejemplo, nosotros más adelante, aunque no hayamos puesto índice, hablaremos de una serie de bloques como estructura de tu lectura, pero no nos mojaremos demasiado con los títulos. De manera que mantendremos esa relativa expectación que buscamos ante la audiencia. Sin cerrarlo en exceso. Es como poner en una película tres partes: presentación, nudo, desenlace. No dices nada, solo estructuras. Pues eso haremos más adelante. Pero aquí no ponemos índice de nada. Queremos ser ejemplo de lo que predicamos.

# Reflexión previa

> Un hombre le dijo a Buda: «Yo quiero felicidad».
> Contestó: retira «Yo», eso es ego; quita «quiero», es
> deseo; ahora tienes «felicidad»

Volvamos a la anécdota del curso que comenté en la «Nota Personal». Ese curso tuvo bastante éxito, de manera que se quiso repetir para otros foros y en un formato más amplio. De nuevo, por las mismas razones que entonces, me pidieron estar. Pero esta vez me fue imposible por agenda, salvo en la hora final donde comenté que trataría de unirme. Al sumarme estaba más bien de oyente dado que me perdí casi toda la jornada, pero suficiente para detectar un par de aspectos que me llamaron la atención. Tenía que escaparme a una comida con cliente y no tenía ya tiempo ni de comentarlos, pero al levantarme el profesor me dijo, «Carlos, te veo muy callado y veo que te vas a marchar, ¿algún comentario que nos pueda ayudar?». Claramente vio en mis ojos mi pensamiento, que guardaba algo, y aproveché para salir y contar lo que había detectado desde mi más profunda humildad y respeto dado que me perdí toda la sesión y podía equivocarme. Pero curiosamente otra vez hubo otro mar de aplausos. Parece que di en el punto, posiblemente gracias a haber participado desde tan de lejos —a veces ver el bosque desde lo alto ayuda a ver cosas que bajo la maleza resultan invisibles—. Hice dos comentarios.

## Dejar el ego en la puerta

El primero, parafraseé la cita del inicio de este bloque de Buda, pero cambiando *felicidad* por *ventas* —ya que se trataba de una especie de curso de presentaciones eficaces para ventas—. Es decir: «Un hombre le dijo a Buda: "Yo quiero ventas". Contestó: retira "Yo", eso es ego; quita "quiero", es deseo; ahora tienes "ventas"». Subrayé que en la hora que estuve allí todos abusaban del ego respecto a su empresa, sus productos y servicios, y así. Eso ya se presupone, todo vendedor va a decir que son los mejores, lo mucho que facturan, lo buenos que son y que tienen de todo. El ego echa para atrás. En la venta y en la vida. Debemos huir del ego. Tenemos que centrarnos, más que en hablar de nosotros, en buscar cómo podemos aportar valor. En cómo ayudar. Huir del ego. Y puedo asegurar que todas las exposiciones que tuve el placer de escuchar se centraban solo en ego. Ego corporativo, de su empresa. Y ninguna prestaba atención al cliente y sus necesidades.

Pero esto no es nada diferente al mundo real. Como no me cansaré de repetir dentro de este programa *Sé el CEO de* —lo veremos más adelante—, todo lo que se trata aquí es aplicable hacia o desde la vida, nuestro mundo real. No existe ninguna diferencia. Es como ponerte ante cualquier persona que gustes conocer a hablarle solo de ti, de lo guapo, rico y bueno que eres sin importarte nada de él, de si tiene problemas, de qué le preocupa o de sus retos. ¿Qué reacción crees que provocará? ¿Por qué va a ser distinto en el mundo profesional? Son las mismas leyes para todos, son principios universales. Es puro sentido común. Pero curiosamente nos resulta difícil ponerlo en práctica por mucha formación o másteres que hayamos recibido. Nos cuesta soltar nuestro ego profesional, quizás porque las grandes multinacionales nos lo inculcan.

## Adaptar el mensaje al receptor

El segundo, para poder dejar el ego y centrarnos en el valor, necesitamos *dirigir* el mensaje, la presentación o el discurso a lo que el receptor realmente espera y necesita. Y eso es lo que más eché en falta en mi observación de la hora que estuve escuchando. A eso se le podría llamar *personalizar*. Y más bien, hoy en día, con tanta analítica avanzada y datos que podemos recopilar de las innumerables fuentes en el mercado a nuestra disposición y de manera cada vez más sencilla, podríamos llamarle incluso *hiperpersonalizar*. Lo veremos un poco más adelante, pero hay que huir de la trampa del ego de centrarnos en hablar de nosotros mismos —de nuestra empresa—, tomar datos de fuera y centrarnos en personalizar tu mensaje a donde el otro —tu cliente— realmente lo necesita. Es ahí donde vas a poder aportar valor. Por tanto, si vas a utilizar un PowerPoint —que no debería ser siempre, como comentamos con lo del mal uso y el sobreúso—, que no sea tu presentación de compañía estándar de la Intranet. Eso es lo peor de lo peor. Y eso es lo que hace la gran mayoría de los mortales de a pie, descargarla y *vomitarla* llena de ego sin personalizar —tal cual estaba en esa Intranet— a todos sus clientes. Por igual.

Veremos más adelante cómo conseguir datos que nos ayuden a adaptar y dirigir —personalizar— mejor todo y huir de ese *café para todos*. Esa fue justo una de las preguntas inmediatas que recibí tras comentarlo, como algo complicado de extraer. Que por eso usaban lo de la Intranet. Que es muy difícil. Pero la verdad es que es muy sencillo. Existen múltiples maneras hoy en día. ¿Tan diferente vemos el mundo profesional del personal real?

Fue una pena, no pude quedarme mucho tiempo en esas dos sesiones del curso. Me hubiera encantado haber estado y aportado más. Pero me llevé esas dos anécdotas. Son tan recientes que, a la hora de empezar esta escritura, no he podido evitar compartirlas. Y pienso que hacerlo —volviendo a lo de que queremos ser ejemplo en este libro de lo que decimos, haciéndolo aquí también— es bueno en el tema que nos ocupa de la oratoria, hablar en público y la audiencia. Más adelante lo veremos, pero en las presentaciones la espontaneidad y la naturalidad son muy importantes.

# Prefacio

> Tarde o temprano entenderás la diferencia entre conocer el camino y andar el camino
>
> MORFEO, en *Matrix*

Este es mi tercer libro. Los tres conforman una saga de un programa que denominé *Sé el CEO de* y donde introduje el concepto Matrix —en alegoría a la célebre película de 1999 protagonizada por el gran Keanu Reeves—. Con este libro cierro el programa, como trilogía: primero ventas, luego inversiones y ahora audiencia. Los tres en cierto modo están interrelacionados entre sí, pero son de lectura independiente —no es necesario leer uno para comprender el otro y puedes abordarlos en el orden que quieras—. Es un programa porque tienen un hilo común: un modelo muy disruptivo y diferente de gestionar cualquier cosa a través de las emociones. Los tres son válidos y replicables en la venta, la gestión de personas y la vida. Porque todo se trata de lo mismo: emociones. Detrás siempre hay personas, y si hay personas, hay emociones. Y nuestro objetivo será, como Neo hizo en *Matrix, esquivar las balas* de la vida. Y eso lo conseguiremos gracias a gestionar cual samurái —con destreza y precisión—las emociones: las nuestras y las de los demás.

En esta tercera obra de la saga no vamos a repetir los conceptos iniciales de mis dos primeros libros —donde se introduce *Sé el CEO de* y Matrix—. Pero sí trataremos de dar una pincelada muy resumida para entenderlos de forma sencilla y poder seguir así la lectura, aunque no los hayas leído. De todos modos, si te despierta curiosidad, te animo a que los leas si no lo has hecho. Esta tercera obra será más directa que las otras dos, en parte adrede. Para retarnos —como hice en el curso de la anécdota comentada en los capítulos anteriores— a vivir y pensar desde la primera línea de la audiencia, que es muy diferente a la del lector. La experiencia en una sala de cine es muy distinta a la de un sofá en casa. Una presentación se asemeja más a una película que a un libro. No es necesario contarlo todo, pero sí lo suficiente. Revisaremos muy por encima el concepto *Sé el CEO de* y Matrix, y será suficiente. Estamos delante de una audiencia y no podemos aburrirla por bajar al detalle. Queremos elevar el nivel y gestionar desde la altura —estamos subidos a un escenario, no sentados en un laboratorio—.

## Concepto Matrix: ser Neo

En los dos primeros libros de este programa llamado *Sé el CEO de* introdujimos el concepto Matrix. El mundo está gobernado por emociones, en todo. Comprar, vender, ligar, invertir, vivir. Todo son emociones. Y estas se comportan estadísticamente de manera similar y predecibles. La mejor forma de anticipar el futuro es fijarse en el pasado. Y el pasado nos da muchas lecturas interesantes de cara a entender comportamientos humanos repetitivos acción-reacción. Y gracias a eso, para vender, para comprar, para ligar, para invertir, para vivir, para todo podemos aplicar lo que en tecnología llamamos —en el mundo de la inteligencia artificial (IA)— *machine learning* (ML) y *deep learning* (DL), para aprender de manera autónoma, no repetir nuestros errores y actuar en consecuencia de forma inteligente. Pero siempre desde las emociones.

Pongamos un ejemplo. Si en la calle alguien te insulta, la gran mayoría se girará para devolverle ese insulto. Pues eso es una ventaja competitiva que tenemos. Gracias a ese dato estadístico puedo anticiparme y subirme al tren de la minoría, diferenciarme, no actuar como el que me insulta busca y sencillamente no responderle. Acabo de *esquivar una bala* —como hacía Neo en la gran película *Matrix*—. Pues eso es replicable en todo. En mis dos primeros libros de esta trilogía lo desarrollo con alto detalle —uno orientado más a ventas, pero también gestión de personas y vida, otro más orientado a inversiones, pero también a ventas y vida—. Si te intriga o interesa profundizar mejor, te invito a verlo a través de mis dos primeras obras, *The Sales Matrix*, de 2021, y *The Trading Matrix*, de 2022. Pero este es el resumen del concepto.

Si la vida se rige por un código como en *Matrix* y lo conocemos de antemano —el código de las emociones—, si elegimos —como hizo Neo en la película— esa pastilla roja que a diferencia de la azul nos permitía entender ese código del mundo real —la azul te devolvía al mundo virtual sin conocer el código—, podremos *esquivar las balas* para todos los aspectos de la vida. Absolutamente todos.

En mis dos primeros libros entramos en el código de las ventas —y la gestión de personas y la vida— y en el de las inversiones —y las ventas y la vida, porque todo está correlacionado—. En este, si eliges la pastilla roja, entrarás en el código de la audiencia. Aprenderás, gestionarás y liderarás el mundo de las presentaciones anticipándote a las emociones de tu público —y las tuyas que pudieran afectarse, como, por ejemplo, tus nervios—. Te subirás a ese escenario y te sentirás Neo dentro del programa *Matrix*. Muy poderoso, seguro y confiado. Y podrás *esquivar las balas* como él.

Pues este es, de manera muy resumida, el concepto Matrix. Vayamos ahora a por el otro concepto utilizado en este programa.

## Ser CEO

Esta trilogía se titula *Sé el CEO de*. Y detrás de ese *de*, según el libro que sea, hay algo. Primero ventas, luego inversiones y ahora audiencia. ¿Qué sígnica *ser CEO*? Imagino que habrá poca gente que no sepa lo que es un CEO de una compañía. En el inicio de este libro dejamos la definición exacta. Pero, en resumidas cuentas, es el máximo responsable de algo. CEO implica responsabilidad, jefe, el que manda, el máximo exponente de una empresa. Si cambiamos empresa por lo que sea, ventas, inversiones, audiencia —lo que sea, podemos incluir vida—, podrás imaginar qué significa. Tú eres el máximo y único responsable de todo lo que gestionas o te sucede en la vida. No hay excusas. Ser CEO de tu audiencia, en este caso, es ser el amo, el líder, el piloto, el máximo responsable de ella. No existen dependencias externas, tú eres el jefe. Si requieres algo, lo pides, lo gestionas, lo mueves. Pero sin excusas. Porque tu gloria o fracaso será tuya y solo tuya.

Empleo mucho en mi vida profesional la expresión *tú eres el CEO* en mi día a día con mis compañeros, equipo o jefes cuando hablo. Repito tanto esa frase que me llevó a crear este programa. Porque es muy típica la persona que busca eludir su responsabilidad, busca culpables o encuentra excusas. Y eso no es correcto. Nadie más que tú tiene la responsabilidad, la culpa o el pretexto. Porque está dentro, deja de buscar fuera. En *The Sales Matrix* hablamos de muchos conceptos que ayudan a entenderlo bien. De hecho, hay un capítulo entero dedicado a la responsabilidad. Y en general se subraya constantemente el concepto. No es ánimo de esta tercera obra, como ya comentamos antes, repetir datos y capítulos de otros libros. Me basta con que tengas clara la idea y te animo a leer otras obras solo en el caso de querer profundizar más.

Acepta tu responsabilidad, lidera —desde atrás si es necesario— y sé el CEO de tu vida en todo. Trabajo, familia, amigos. Todo. No existe otro responsable, tú eres el piloto. Tú mandas. Eres CEO.

# Abrimos el código

Empezamos ahora este viaje, juntos, para conocer el código de este mundo regulado principalmente por las emociones —como seres humanos que somos, a diferencia de los robots—. Y te esperaré al final del libro, donde volveremos aquí. Uniremos los puntos hacia atrás. Reflexionaremos, haremos una pausa y tomaremos nuestra decisión —pastilla roja o pastilla azul, como en *Matrix*—. Y volveremos a entrar en el programa de la vida. Muchas veces pensamos que la felicidad está afuera, en lo que no somos o no tenemos. Y descuidamos mirarnos adentro y buscarla ahí, en lo que ya somos y ya tenemos. Y de esto va esta obra, de mirarnos dentro y dejar de estrellarnos fuera. Ahora iniciemos este viaje.

Te espero al final.

Entrando en el código...

# Antes de nada

# ME PRESENTO

> Los hombres sabios hablan porque tienen algo que decir, los necios lo hacen porque tienen que decir algo
>
> PLATÓN

¿Quién soy?

Regresamos al ego. Bueno, es positivo que la audiencia sepa quién le está hablando. Pero eso se supone que debe estar ya dentro del programa del evento, la convocatoria de la sesión o el título de la ponencia. Y el público podrá buscar, si le apetece o interesa, quién eres. Si quieres puedes decir algo, pero siempre, como comentamos más atrás, dejando el ego muy lejos. En Marte si puede ser.

Me llama la atención gente que cuando se presenta a veces cita las palabras *todo lo que es* delante de lo que lleva. Pondré un ejemplo. «Llevo todo lo que es el Departamento de Cobros». Es decir, lleva el Departamento de Cobros —sin el *todo lo que es*—. Pero parece que para él es lo mejor y su ego así se agranda más —anteponiendo *todo lo que es*—. Como si fuera mucho o más que los demás.

Me resulta curioso —volviendo a lo visto cuando hablamos del ego— que cuando un proveedor viene a contarte su negocio que se dedique a veces —y no exagero— como el 90% de su tiempo a hablar de lo grande, buena y exitosa que es su empresa. Que si no sé cuántos empleados, que si factura esto, que si ganó lo otro, que si estos títulos, y así sucesivamente. Y además sin personalizar, tal cual sale en la Intranet. *Vomitándolo* todo ahí delante de ti. Y tú, por educación, diciendo todo el rato que qué interesante. Incluso se dedican a contarte cómo están organizados. Que si fulano es el jefe de mengano, que si todas estas áreas hacen esto. Pero ¿qué más da eso? Si tengo que entender todas las organizaciones de todos mis proveedores, estoy muerto. Volvemos al ego. A verse el ombligo. A hablar en lugar de escuchar. En *The Sales Matrix* dedicamos mucho tiempo a ello. Hay varios capítulos donde se profundiza fuertemente a aprender a hablar, negociar, buscar la acción, poner foco, guiar, reunirse, y muchas cosas más así. Todos desde el mismo punto de vista Matrix comentado. Como código. Para *esquivar las balas*. Si te sientes flojo ahí o quieres profundizar, te animo a leerlos.

Pero el resumen de este apartado es que yo personalmente sugiero no presentarse o hacerlo muy breve, y sobre todo libre de ego. Todo depende del contexto y situación. Y seguro que habrá excepciones. Pero el ego siempre muy lejos. Tenemos a una audiencia delante que busca aprender, ser ayudado y que le aportemos valor. No busca saber de ti. Sé que tú te valoras mucho. De hecho, debes verte así. Eres la persona más importante de la Tierra, pero para ti. Para tu audiencia, lo son ellos. Y debes alimentarla a ella. A ellos. Uno a uno. A todos. Cubrirles sus necesidades, a veces incluso su ego si consideras que es oportuno hacerlo. Pero no el tuyo. Y si te presentas porque sí debes en esa situación, hazlo breve y siempre desde la humildad. Recuerda que al final del juego todos vamos a acabar en la misma caja. Nadie es más que nadie. Ni ellos ni tú. La humildad siempre debe ir por delante también.

No te contaré quién soy, para dar ejemplo, sí. Aunque me puedes buscar por redes sociales y verlo. Considerando que esto en sí no es una ponencia donde yo exponga el contenido a un público —estando yo delante para contarlo—, sino que más bien es un documento que vas a leer tú solo —y, por tanto, debiera ser en cierto modo *autoexplicativo*—, sí dejaré una mini BIO como apéndice al final del libro. Pero nada más. Y no aquí delante en el inicio. Porque para mí no es algo importante. Y porque sería aburrir, y ego. Buscamos ofrecer valor desde el primer instante. Aportar y que tu público tenga ganas de más. Es posible que alguien de la audiencia sí quiera saberlo, así que podría dejarse como opción. Pero en ese caso, sugiero —bajo mi punto de vista, cada cual tendrá el suyo— que no sea en el cuerpo principal de tu película, sino que en los créditos finales —recordemos siempre el símil con el cine—.

## ¿Por qué estoy aquí?

Esta quizás sí sea una respuesta de interés a introducir en el caso de que —una vez más— sí aplique. Si crees que la historia detrás del por qué estás aquí merece la pena, cítala. Si no, sáltatela.

¿Por qué estoy aquí yo por ejemplo? Sencillo. He sido sufridor —tanto por proveedores como por compañeros— de verdaderas torturas del PowerPoint. Presentaciones tremendamente largas, con *slides* (recuerdo que *slide* en español es diapositiva, pero se emplea en nuestro día a día en inglés así) infumables llenas de textos a tamaños ínfimos, contextos de colores donde no se ve nada, etc. Es como si hubiera venganzas por haber recibido una así, y cuando te toca, decir, «ahora te vas a enterar con la mía», y les damos ración doble de lo mismo. Es lo que comenté al principio cuando citaba «¡Odio el PowerPoint!». No odio la herramienta, es magnífica. Odio su uso y más especialmente su sobreúso. Y como me gusta contribuir para conseguir un mundo mejor, por eso estoy aquí. Para ayudarte en base a mi experiencia —más bien a mi mala experiencia— a evitar lo que a mí al revés me echa para atrás y por tanto tengas el mejor de los éxitos con esta gran herramienta. Porque no es más que eso, una herramienta. Un medio —como comentamos al principio— y no un fin. Tu fin es la audiencia, ¡punto! Y buscamos ser el CEO de nuestra audiencia.

Te invito a que busques en Internet por *peor slide de la historia*— o similar, como *peor PowerPoint*—. Te asombrarás, sí. Pero tristemente es muy posible que el 80% de los humanos maneje el PowerPoint en esa línea. Es sinceramente un muy fuerte castigo recibido todos los días. Lo padecemos todos a diario, sí. Y ese es el principal motivo por el que estoy aquí, quiero ayudarte —y de paso me ayudo a mí— a no ser emisor de eso —a mí porque con suerte tendrá su efecto y tampoco me llegará—. Quiero que triunfes ante tu audiencia, que uses PowerPoint para lo que fue creado realmente. Pero eso lo veremos más adelante.

Por cierto, la peor dispositiva de la historia parece que fue en 2005 de acuerdo con un artículo curioso de *The New York Times* de 2010 titulado *Hemos conocido al enemigo y él es PowerPoint*, en referencia a una presentación para un tema militar —de ahí la retórica con la palabra *enemigo*—. Para ver el artículo, busca en Internet «We Have Met the Enemy and He Is PowerPoint» —de *The New York Times*—. Disculpa que sea en inglés. Si no lo dominas, podrás traducirlo fácil con cualquier herramienta, pero de todos modos lo importante ahí es la *slide* —la cual es toda gráfica—.

## La perspectiva

Como se comentó en *The Sales Matrix*, y parafraseando la gran cita de Marco Aurelio, «Todo lo que vemos es una opinión, no un hecho. Todo lo que vemos es una perspectiva, no la verdad», no vemos las cosas como son, las vemos como somos nosotros. Porque nunca hay una sola visión de lo que sucede, nunca hay una sola verdad. El lobo siempre será el malo si solo escuchamos a Caperucita. Y quiero que lo tengas muy presente durante la lectura.

Todo lo que verás aquí es mi punto de vista personal, es mi opinión. Todos llevamos unas gafas virtuales que nos impactan en cómo vemos las cosas, que se traduce en nuestra percepción personal de ellas. Los mapas no son el territorio, los mapas son interpretaciones de este. Por tanto, importante para mí y para ti: todo lo que vas a ver aquí no es más que mi manera de ver las cosas, de mi realidad personal, es mi perspectiva. Y a partir de aquí, como en todo en la vida, tú tendrás que aprovechar lo que te guste, lo que simpatices, lo que creas mejor. Y complementarlo con tus creencias —que no tienen por qué coincidir con las mías— y aprovecharte de ello para ser mejor ante tu audiencia. Ayudándote a perfilar tu propio código. Porque este es solo mi punto de vista. La riqueza del ser humano reside en las diferencias. Y las diferencias ayudan, complementan, nos hace mejores. Es más, como veremos también más adelante, la personalidad es un rasgo vital para este mundo de las presentaciones y la audiencia. Pero, eso sí, tras el código, tras las reglas que regulan las emociones dentro del ámbito de la comunicación. Eso son principios universales.

Me encantará escuchar tu punto de vista con el objetivo de mejorar y crecer también yo. Así que te animo a que me escribas a través de mis redes sociales —dejaré mis datos al final del libro— y lo compartas. Para mi será un placer y honor recibirlas de ti.

# ESTRUCTURA DEL LIBRO

En caso de duda, cuenta la verdad

MARK TWAIN

Dijimos que no íbamos a poner índice, por dar ejemplo a lo que creemos que es mejor, considerando que una presentación tiene que ver más con una película proyectada en una sala de cine que con un libro leído en el sofá de tu salón. Pero también dijimos que en caso de poner algo por alguna razón que interesase, debíamos hacerlo sin dar muchas pistas, más como estructura sin dejar de entrever mucho más. Es decir, ponerlo muy abierto, siempre manteniendo cierto suspense para dejar a la imaginación correr —cual película— sobre qué vendrá después. Pero sí es correcto —si piensas que ayuda o es demasiado obvio— citar algo, solo que abierto.

Dicho esto, y una vez finalizada la parte más introductoria de la obra, vamos a hablar de la estructura que vendrá a continuación como cuerpo principal de la misma. Y lo hacemos porque queremos ser ejemplo de lo afirmado en el párrafo anterior —y avalarlo, dejándolo abierto—y porque pensamos que nos ayudará.

Este libro está estructurado en cuatro bloques. Como dijimos en *The Sales Matrix*, nos gusta separar cualquier cosa en la vida que requiera de una acción y que sea importante para ti en tres fases: planificar (*plan*), construir (*build*) y ejecutar (*run*). En esa obra pusimos el ejemplo del viaje: primero se piensa dónde quieres ir, luego se va a la agencia para organizarlo bien todo y cuando ya lo tienes simplemente te dejas llevar para disfrutarlo a tope. Pero no vas al aeropuerto a pensar dónde vas, o vas a la agencia sin saber qué buscas, etc. Es bueno separarlo en esas tres etapas. No todo, pero sí lo que requiera de cierta acción, tenga algo de complejidad y tú consideres que es relevante. Y así es cómo serán los tres primeros bloques de este libro: *plan, build, run*. Pero, como adelantamos antes de adentrarnos en el código de la audiencia —por el concepto Matrix comentado—, nos volveremos a ver al final para cerrarlo bien todo y extraer nuestras conclusiones. Y despedirnos. Por tanto, la estructura va a ser la siguiente.

Cuatro bloques:

1. Planificar (*plan*).
2. Construir (*build*).
3. Ejecutar (*run*).
4. Conclusión.

Si te fijas, no estamos cerrando ni concretando nada. Muy abierto. Seguimos como sin índice. Es como decir en una película que tiene tres partes —como comentamos—: presentación, nudo, desenlace. No estamos diciendo muchas pistas. Mantenemos nuestra intriga abierta, pero nos ayuda a poder estructurar de manera anticipada.

Por cierto, aprovecho para adelantar —como podrás descubrir más adelante— que todas las referencias de esta obra se harán única y exclusivamente sobre un solo libro que hará de puente concentrador de todos los conceptos generales universales en los que nos apoyaremos aquí. Ese libro es el primero de la saga *Sé el CEO de* —recuerda que es una trilogía, son tres— y servirá de documento base de todos los principios universales del concepto Matrix en general donde requiramos apoyo —como biblia de referencia que representa, son 540 páginas y lo cubre casi todo: las ventas, la vida, la gestión de personas y la autogestión individual—. No habrá más referencias externas. Queremos que la trilogía sea simple, práctica y sencilla. En adelante, pues, verás como de manera regular iremos haciendo conexiones a esa primera obra.

Empezamos...

# BLOQUE 1: Planificar (*plan*)

# EL MENSAJE PRINCIPAL

*Planificar es traer el futuro al presente para que puedas hacer algo al respecto ahora*

ALAN LAKEIN

El mensaje principal de tu presentación es lo más importante de todo. Este debe ser único —solo habrá uno— y el hilo conductor de tu discurso. No importa cuán complicado sea el contenido, siempre se debería poder simplificar a un solo concepto principal. ¿Qué quieres que se lleve tu audiencia de tu sesión? Si quieres que se queden con una sola cosa, ¿cuál sería? ¿Cuál es la esencia de lo que quieres arrastrar a lo largo de toda la ponencia? Cualquier película, presentación, reunión o conversación debería tener un mensaje supremo por encima de todos los demás mensajes. El mensaje de los mensajes, la madre de todos los mensajes. El cómo empiezas, cómo sigues y cómo acabas. Ese es tu mensaje principal. Y no todas las presentaciones tienen uno. Pregunta a cualquiera que cuál era, seguro que un 99% no te lo dice. Puede ser oculto —para ti, como guía y ayuda—, pero debes tener uno.

## La inspiración

Este mensaje principal es tan importante que no vamos a buscarlo al libre albedrío. Esto es como ponerle el nombre a tu hijo, planificar adónde quieres ir de vacaciones este verano o qué profesión elegirás para tu futuro. No puedes programar un día y hora para decidirlo como si fuera una tarea más de tu jornada. Te tiene que venir la inspiración. Y esta no se programa, aparece. Pero no aparece sin más así porque sí, podemos alimentarla, esperar y confiar en ello. Esto como alternativa en caso de no tenerlo claro —porque no siempre es fácil— o porque queremos buscar más opciones si la que tenemos no nos convence. ¿Y cómo vamos a hacerlo? A continuación, te contaré cómo yo lo hago. A mí me funciona y ayuda mucho. Repito lo de la perspectiva, siempre lo haré. Este es mi punto de vista. Pero cada uno seguro que tiene su técnica o forma de gestionarlo y le debe funcionar de fábula. Porque tienes que hacerlo tuyo. El mío es solo un punto de vista más de cómo ayudar a sacar un dato que para mí es muy crítico y no siempre es fácil tenerlo con la potencia que requiere. Lo único que quiero resaltar es que el mensaje principal es todo y que no debes forzarlo.

En el libro *The Sales Matrix* trabajamos mucho la creatividad. Hablamos de cómo se crea un paradigma, del poder de un papel en blanco, que la suerte había que buscarla, de aprender a esperar y de visualizar el futuro hacia atrás, entre otros. Tratamos muchas cosas que nos ayudaban a explotar nuestra creatividad, porque inspirarnos con ese tan importante mensaje principal va de eso. Pero detrás de la inspiración está la intuición, una de las armas más esenciales que poseemos. Mi mundo es la tecnología, lo digital. Y cuanto más sé de tecnología, más creo en la intuición. Curioso. ¿Por qué? Porque encuentro un altísimo paralelismo entre el mundo digital y el real. Los datos están ahí, pero hasta que no utilizas la analítica adecuada para sacar conclusiones potentes, no puedes tomar decisiones. La inspiración y tu mensaje principal va de eso, de tomar decisiones sobre unos datos que ya existen. Va de aplicar analítica avanzada sobre tu propio cerebro. Y esa no se fuerza, aparece —siempre bajo mi punto de vista—. Veamos cómo.

## Momento eureka: el subconsciente trabajando

Tu subconsciente es más importante de lo que pensamos. El subconsciente actúa como un vasto repositorio de datos, registrando continuamente nuestras experiencias, pensamientos y emociones. Aunque no seamos conscientes de ello, procesa esta información y, a veces, nos ofrece intuiciones o conclusiones que pueden parecer irracionales pero que a menudo resultan ser acertadas. Estas intuiciones son el resultado de un análisis inconsciente y automático que realiza nuestro subconsciente similar a la analítica de datos en tecnología. Aunque nuestra mente racional puede dudar y a menudo ignora estas intuiciones por falta de justificación lógica, pueden ser valiosas y merecen ser consideradas, ya que representan un conocimiento profundo que la razón aún no ha confirmado. Por lo tanto, es fundamental valorar y prestar atención a nuestra intuición, ya que puede ser un indicador temprano de una realidad que aún no hemos procesado completamente.

El subconsciente es un procesador constante de información que, en momentos inesperados, nos ofrece respuestas y soluciones a preocupaciones o decisiones pendientes. No siempre es posible forzar a la inspiración para tomar decisiones críticas. A menudo estas llegan en momentos de claridad espontánea. Momentos que llamaremos nuestros *momentos eureka*. La palabra *eureka* para mí hace honor a la célebre serie de dibujos animados *Vicky el vikingo* cuando descubría de la misma manera algo de repente. Pero sobre todo al gran matemático griego Arquímedes de Siracusa cuando descubrió su célebre *Principio de Arquímedes*, que es donde salió su famoso «¡Eureka!», tras descubrir, después de mucho perseguirlo sin solución, y en el momento menos esperado para él —tomándose un baño—, que sumergiendo cualquier objeto en un líquido era una manera fantástica de medir el volumen de ese objeto. Eureka, pues, se correlaciona tras ello como una celebración de descubrimiento de algo complejo.

## Tu momento inspiración

Reconocer y aprovechar estos momentos eureka puede ser más valioso que intentar controlar racionalmente cada aspecto de nuestras vidas. Es bueno pues estar atentos a nuestra intuición y a esos instantes de lucidez inconsciente que pueden guiar nuestras decisiones más significativas. El mensaje principal de nuestra presentación surgirá seguramente en el momento más inesperado tras tener a nuestro subconsciente trabajando 24x7 sin descanso y de manera involuntaria y automática para nosotros. Y extraerá cual *pop-up* en nuestra mente su resultado, como Arquímedes, con un «¡Eureka!». Por qué no. El nombre del niño, el lugar de las vacaciones o la profesión que buscamos. No lo fuerces, espera y confía.

Como dijo el gran pintor español Pablo Picasso, «Cuando llegue la inspiración, que me encuentre trabajando». Estate muy atento porque en el momento más inesperado —en la ducha, de compras, haciendo deporte, incluso durmiendo— tendrás ese momento de lucidez donde la intuición —o subconsciente— se impondrá a la razón —o consciente— para confirmarnos nuestro dato. Nuestro gran mensaje principal de nuestra presentación. La clave de todo.

Esta no deja de ser un arma más en la que confiar, pero obviamente tu mensaje principal puede salirte a primeras, sin esperar a nada, durante una reunión de *brainstorming* con tus compañeros o simplemente porque lo tienes ya muy claro. La intuición y el momento eureka son un arma más a utilizar en caso de atasco, búsqueda de algo realmente muy fuera de la caja o porque funcionas así. En mi caso reconozco que tiene que ver más con lo último.

Un último consejo más respecto a cómo alimentar ese momento eureka es por el símil con los niños. Los niños son tremendamente creativos. ¿Y por qué creo que lo son? Pues porque tienen más tiempo libre, se aburren más, y porque no tienen la cabeza llena de preocupaciones por el pasado o el futuro —esto también lo veremos más adelante—. Muchas de nuestras inspiraciones aparecen en momentos de no hacer nada o de evasión mental de nuestro día a día. Momentos donde nuestro subconsciente procesa mayor cantidad de datos, sale más fuera de la caja y por tanto tiene mayor capacidad de extraer conclusiones impactantes —como los niños—. Así que, aunque sé que en la era actual es muy difícil aburrirse, busquemos y alimentemos esos momentos. No es necesario estar sin hacer nada, basta con forzarlos en situaciones cotidianas. Por ejemplo, como comentamos más atrás, durante la ducha, de compras, haciendo deporte o incluso durmiendo. En mi caso —esto lo comento en mi primera obra— este último es uno de los que tengo yo identificado, concretamente es justo al despertarme.

## La IA (inteligencia artificial)

Soy tecnólogo, vivo de lo digital —además me encanta— y no puedo evitar hablar de IA —especialmente en estos tiempos—. Podría citarlo en cualquier otro punto del libro, pero lo haré aquí porque en algún sitio tenía que sacarlo y, como hablamos de inspiración, claramente la IA será otra fuente de inspiración más —especialmente ante bloqueos, como pudiera ser el no saber cómo empezar algo—. Además de servirnos para otras muchas cosas, como automatizarnos trabajos, redactarnos textos, generarnos tablas, resumirnos contenidos, o lo que le pidamos al cuerpo.

Estamos en la era de la IA. En el momento de escribir estas páginas todo es IA. Las noticias están plagadas de cómo nos está cambiando la vida la IA. Y lo que viene. Es algo exponencial cómo nos va a transformar a todos. Cuando escribí mi primera obra de la trilogía Matrix —allá por 2021— ya adelanté este auge por la IA, pero en ese entonces no existía todavía lo que ahora en este preciso momento lo está explosionado todo: la IA generativa. Por si alguno no tuviera ubicada esta palabra, nos referimos a herramientas comerciales como ChatGPT (de OpenAI), Gemini (de Google) o Copilot (de Microsoft) —escrito a primeros de 2024—.

La IA generativa es una tecnología capaz de crear contenido nuevo y original, como imágenes y textos, a través del aprendizaje automático y redes neuronales. Esta IA tiene aplicaciones en campos como el arte o la educación, pero también presenta desafíos éticos y de seguridad. El modelo GPT-3, lanzado en 2020, es un ejemplo destacado de IA generativa, con la habilidad de generar textos variados y de alta calidad. Ha pasado de ser un proyecto de investigación a una herramienta comercial ampliamente utilizada, similar al rápido crecimiento de TikTok, mostrando el impacto y el potencial de la IA en la creatividad y la innovación.

La IA y los robots nunca sustituirán a los humanos, al menos en las próximas cercanas décadas. Pero como cualquier revolución y nueva era de la humanidad, aunque pueda verse como amenaza para nuestros puestos de trabajo, como siempre ha sido —recuerdo la calculadora o el ordenador, entre otros—, se trata de un complemento que nos hará mejores. Nada de momento podrá sustituir nuestras emociones, habilidades blandas y demás aspectos más de la parte humana y no del robot. Pero sí que anulará a quien no sea capaz de convivir con ella y aprovecharla. Es un multiplicador de rendimiento y capacidad. Ya lo comentamos en *The Sales Matrix* y todavía no teníamos la IA generativa. El humano que no sepa aprovechar su altísimo partido estará fuera del juego. Le costará más encontrar trabajo, competirá peor y rendirá varias veces menos que otro que sí sepa complementarse con ella.

Una de las marcas comerciales más populares de IA generativa en marzo de 2024 —cuando escribo estas palabras— es Copilot, una herramienta creada por GitHub y OpenAI, con el apoyo de Microsoft, que ayuda a los programadores a escribir código de forma más rápida y fácil. Copilot utiliza modelos avanzados de GPT para generar sugerencias basadas en el contexto y el lenguaje natural.

Por ejemplo, permite generar código, redactar textos, analizar datos o diseñar presentaciones de manera natural y sencilla. Utilizando IA generativa, Copilot ofrece sugerencias contextuales y personalizadas, facilitando el trabajo diario y permitiendo a los profesionales y aficionados aprovechar al máximo sus habilidades y tiempo. Lo bueno de la IA generativa es que no es necesario saber código. Se trata de hablar con la máquina tal cual lo haríamos con un amigo, en lenguaje humano, y ella se encarga de todo. Usando conversaciones, debatiendo e interactuando por diálogo.

Dicho esto, esta puede ser otra importante fuente de inspiración para ti. Copilot mismo —a fecha de hoy en marzo de 2024— es capaz ya para cualquier usuario de a pie, con un solo clic, de crearte sobre tus aplicaciones de ofimática de Microsoft —Word, Excel, PowerPoint, etc.— cualquier contenido, resumírtelo, maquetártelo, lo que quieras. Si estas herramientas están a nuestro alcance, ¿por qué no aprovecharlas? Eso sí, insisto, el gran diferencial siempre estará en el lado humano. La IA sola —lado máquina, el robot— no. Pero la IA junto al humano, bien gestionada y usándola no como sustituto sino como complemento, es un multiplicador de capacidad increíble. Lo mismo que lo fue el ordenador personal y nunca nos sustituyó. Quien no sepa usar la IA hoy, en 2024, ya no será competitivo. Imagínate en 2025, 2026, etc.

## El uso de la IA

Pero no todo es positivo con la IA. Como toda herramienta en esta vida, debemos tener mucho cuidado. Si se usa mal o sin criterio, puede tener consecuencias para nuestra creatividad, autenticidad y ética más que importantes. La IA puede restarnos originalidad y personalidad si nos limitamos a copiar y pegar lo que nos propone sin añadir nuestro sello. Puede inducirnos a errores y alucinaciones si no verificamos la calidad y la veracidad de lo que nos genera, o si confiamos ciegamente en su capacidad sin usar nuestro sentido común y juicio crítico. La IA puede vulnerar también nuestros derechos y los de los demás si no respetamos las normas de privacidad, propiedad intelectual y responsabilidad social que rigen su uso —en el momento de escribir estas palabras todavía no existe una regulación clara—. Por eso, hay que ser cautelosos y conscientes de su riesgos y limitaciones. Recuerda que la IA es una herramienta, no un sustituto, de nuestra inteligencia humana.

Por tanto, no la dejemos de lado. Diferenciémonos y usémosla. No para sustituir nuestra labor, sino para amplificar nuestra capacidad de forma significativa. Lo mismo —como dijimos en *The Sales Matrix* ya en 2021— que un *smartphone* en nuestras manos nos transformaba convirtiéndonos en una especie de ciborg. La IA, y ahora la IA generativa, hace lo mismo, pero aportándonos potencia mes a mes de manera exponencial. Aprovechemos su ventaja, pero con cuidado. Aquí también mal usada es peligrosa.

# LA ESTRUCTURA

> La piedra más firme de la estructura está en la parte inferior de los cimientos
>
> JALIL GIBRAN

## El primer paso

Como dijo Lao-Tse, «Un viaje de mil millas comienza con el primer paso». Ante cualquier iniciativa que empieces, el esfuerzo requerido para dar ese primer paso representa —se dice— el 50% del total del esfuerzo. Es un poco caricaturizado, pero es muy real.

Un primer paso cuesta una décima de segundo, pero arrancarlo cuesta un imperio. Apuntarse a un gimnasio, ir a un gimnasio, iniciar la búsqueda de una nueva vivienda, llamar a un cliente, dejar una relación y, por supuesto, empezar a trabajar una presentación. Imagínate esas situaciones que acabamos de poner como ejemplo, estoy seguro de que te sientes identificado en todas o en casi todas. Identificado en ese esfuerzo que te supuso empezar todas esas tareas, en dar ese primer paso. Pero también en que te ocupó una décima de segundo hacerlo. Algo contradictorio. En *The Sales Matrix* lo trabajamos en lo que ahí llamamos *El motor de arranque* —por el símil con un vehículo— y ese esfuerzo para hacerlo arrancar como extra vs. cuando ya rueda.

En realidad, no nos cuesta nada dar ese primer paso para comenzar cualquier cosa, por lo que tu presentación tampoco debería. Pero mentalmente representa un esfuerzo muy notable. Debemos ser conscientes de ello, cerrar los ojos y simplemente saltar —dar ese primer paso— al siguiente escalón. Es bueno entender que efectivamente existe esa trampa mental que nos impide hacerlo, para —una vez más, como Matrix, *esquivando las balas* gracias a conocer ese código secreto que rigen las emociones— dar ese fácil paso. Tan solo hay que darlo. Así de simple. Físicamente es el paso más sencillo de todos, pero mentalmente posiblemente sea el más complejo. Lo sabemos —conocemos el código, como Neo—, tomamos ventaja de ello y lo damos. Abrimos PowerPoint —o el programa de presentaciones que utilices—, la aplicación de notas que emplees o cogemos un papel en blanco. Da igual bajo qué forma arrancas, se trata de empezar, de dar ese primer salto. Lo más difícil ya estará hecho. El coche ya estará en marcha. Ahora vendrá ya lo más fácil, continuar. Elegir tu ruta y disfrutar de tu viaje.

## Arquitectura de tu presentación

Una vez tenemos el mensaje principal y nos hemos mentalizado de arrancar ese tan complicando —mentalmente—, pero fácil —físicamente— primer paso, simplemente lo damos. Y lo hacemos estructurando la arquitectura de la presentación. Y para ello voy a compartir contigo cinco pasos muy sencillos para guiarte a modo de orden, como proceso. Y se tratará de ir dando pasos, del uno al cinco. Uno detrás del otro. Serán como los cinco primeros pasos. Muy sencillo. Pero antes te voy a dar un consejo como regla base a respetar durante esta fase de estructurar tu presentación.

Regla base:

- Estructúrala tal cual contarías esa historia a un amigo.

Vamos a matizar mejor esa regla. En esa sencilla frase tenemos cuatro palabras clave. Veámoslas cada una por separado:

1. *Estructúrala*. Como dice el título de este apartado, esto es una arquitectura. Y como tal, se estructura. Tiene partes o bloques. Y se construye. Cual edificio. Hay una organización detrás perfectamente estructurada a nivel de bloques.
2. *Contarías*. Tenemos una audiencia delante. No estamos leyendo. Nos sentimos en confianza. Contamos, no leemos. Son dos acciones muy diferentes. Lo expresamos desde lo más profundo de nosotros. Desde el corazón.
3. *Historia*. Si le damos a toda la estructura un formato como de historia, enganchará mejor con la audiencia. De ahí el concepto de *storytelling* (en español, contar historias — uniendo el punto 2 con el 3—). Creamos una historia. Esto va más de película que de libro. Estamos en el cine, no en la biblioteca. Somos directores de cine, creamos historias. Generamos intriga y hacemos que el espectador la rellene.
4. *Amigo*. Nada mejor para llegar al corazón del oyente que ser humilde, llano y confiable. En todo el proceso de esta arquitectura de la presentación tenemos que interiorizar que se lo estamos contando a un amigo. Sentirlo cerca, no lejos. Hablamos desde el corazón y hacia otro corazón.

Una vez clara la regla base de cara a nuestra arquitectura de la presentación, pasamos a ver esos cinco pasos. Estos deberán ser dados uno detrás del otro. Sin acabar el uno, no se pasa al dos. Y así. Obviamente esto es vivo y podemos aprender algo a última hora que nos cambia el paso y deberemos retroceder. Pero luego se completa ese retoque hacia el resto de los pasos también.

Los cinco pasos para la arquitectura de tu presentación:

1. Lista los asuntos a tratar sin importar el orden.
2. Reordena los asuntos como si contaras una historia.

3. Desarrolla los asuntos listados ya ordenados asegurando el mensaje principal como hilo conductor de todo.
4. Dimensiona el contenido para ir holgado y poder repetir.
5. Reasegura el mensaje principal y el modo historia.

Veamos a continuación cada uno de estos pasos.

*Lista los asuntos a tratar sin importar el orden*. Se trata tan solo de ir listando titulares o bloques, nada más. Según te salgan, sin pararte a ponerlos en bonito o bien escritos ni en ordenarlos. Y mi consejo es que lo hagas —como cuando hablamos de la inspiración— sobre la marcha, sin fijar un día y una hora. Como, cuando y donde te surjan. Por ejemplo, puedes abrir una nota en tu *smartphone* o apuntarlo en un cuaderno. A la que te venga una idea, zas, abres nota y la escribes. Sin pararte en nada más. Y eso te permitirá tener una lista de asuntos, bloques o ideas fantásticas como base y paso 1 de tu presentación.

*Reordena los asuntos como si contaras una historia*. Ahora cogemos los asuntos del paso 1 y simplemente los ordenamos. Y lo hacemos tratando de darle forma de historia. Recuerda siempre el concepto del *storytelling* y el símil con el cine. Esto es una película y esta debe asemejarse a una historia, una historia contada —pero contada a un amigo, como dijimos en la regla base, donde amigo implica sencillez, llanura, cercanía, confianza —. Y para eso debe seguir un orden. Dado que hemos estructurado esto así por fases, en esta fase 2 tan solo ordenamos, no hacemos nada más. Ordenamos los conceptos listados en la fase 1 y nos paramos ahí.

*Desarrolla los asuntos listados ya ordenados asegurando el mensaje principal como hilo conductor de todo*. Ahora cogemos la lista ordenada del paso 2 y comenzamos a desarrollar cada uno de los asuntos. Pero aseguramos que nuestro tan importante mensaje principal reside a lo largo de esa teórica historia como hilo conductor constante de todo. De principio a fin. Especialmente en el inicio y final, pero también como cadena de transmisión que une todos los puntos de la historia. Recuerda que ese mensaje maestro supremo es solo uno —por debajo puede tener más, pero el principal es único— y se mantiene. Te sugiero que en el principio y el final se perciba potente. Y en el medio repite, repite y repite. Repetir veremos más adelante que es vital en una presentación. Pero no todo, solo lo que quieres que se lleve tu audiencia.

*Dimensiona el contenido para ir holgado y poder repetir.* No sobredimensiones. Lo veremos más adelante, pero no hay nada peor que tener que correr delante de la audiencia. Si se te come el tiempo luego —en mitad del escenario por motivos no planificados—, veremos más adelante qué podemos hacer. Pero en la fase de arquitectura ya tenemos que dimensionar la largura de tu contenido para no sentirte apretado. En *The Sales Matrix* trabajamos mucho en ello y subrayamos su importancia —hablamos de *La regla del 30%, La regla del 70%*, entre otros—. El objetivo es que puedas hablar sin prisa, pausado y repitiendo. Y para ello necesitas armar el material de forma ligera. Buscamos sobre todo grabar el mensaje principal y poder repetirlo como hilo conductor constante. Y no debemos correr, debemos mostrar control, pausa, escucha y poder repetir sin tener la sensación en el escenario de quedarnos sin tiempo. Hay que acabar a la hora con holgura.

*Reasegura el mensaje principal y el modo historia.* Una vez finalizado el paso 4, revisa hacia atrás —lo hacemos porque es fácil perderse y esto es trascendental— que efectivamente está latente nuestro mensaje principal de forma constante —evidente o sugerido, da igual, pero debe estar ahí vivo— y que se respeta el modo de *storytelling* —recuerda lo del cine—. Ambos conceptos deben seguir ahí y deben tener fuerza. Los dos: el mensaje principal y el modo de historia contada. Y sin descuidar lo del paso 4: con holgura. Debemos exponer nuestra historia de manera pausada, con control y repitiendo.

Si me tengo que quedar con tres conceptos más críticos de este apartado serían los siguientes: mensaje principal, *storytelling* y holgura. Son los tres aspectos que fácilmente puedes perder. Así que grábatelos en mente y asegura mantenerlos.

Si te has fijado, el faseado nos ayuda a estructurar en fácil algo a priori complejo. Subir una montaña de 1000 metros puede parecer duro. Hacer una presentación compleja a un comité de dirección puede parecer difícil. Pero divide y vencerás. Si troceas la montaña en objetivos, 10 objetivos de 100 pueden parecer más asequibles que ver en el horizonte uno solo de 1000. Si divides las tareas de tu presentación en estas cinco fases, puede parecer más sencilla. Pero sea duro o difícil, fasear ayuda a ordenar, poner mejor foco y asegurar un resultado más impactante y poderoso.

## Producción y capacidad de producción

En *The Sales Matrix* hablamos en mayor profundidad de este concepto. Voy a tratar aquí de ser muy resumido. Todo lo urgente e importante es lo que produces. Y todo lo no urgente pero importante (porque de lo no importante no urgente, no debemos ni hablar) es tu capacidad de producir. Has de buscar el equilibrio entre ambos. Si a una vaca lechera solo le extraes leche y no la alimentas, producirá mucho, sí, pero llegará un momento en el que dejará de producir —e incluso quizás muera—. En una presentación hay que buscar también ese equilibrio. Prepararla, el material, el PowerPoint y el resto de las cosas está muy bien. Pero insisto, es el medio, no el fin. Lo importante es tu salida en escena, cómo lo cuentas, cómo te mueves, cómo controlas la situación. Conozco mucha gente que se pasa la noche antes sin dormir preparando su PowerPoint —*capacidad de producción*— para luego salir al estrado agotado, sin fuerzas, sin rumbo y sin guion claro —*producción*—. Eso sí, un PowerPoint magnífico, o no. Pero tú que eres el fin y no el PowerPoint que es el medio, anulado. Debemos buscar el equilibrio entre ambos. Incluso como si no tienes PowerPoint, es muy posible que en gran cantidad de ocasiones no sea necesario. Capacidad de producción tiene que ver con prepararte, tener un plan y guion, etc., no solo con una supuesta colección de *slides*. Y producción con tu estado físico y mental para dar lo mejor de ti. Es la mejor combinación y equilibrio entre ambos —capacidad de crear leche vs. leche producida— la que te llevará al punto máximo de triunfar en el escenario. Sin capacidad de crear leche, no hay leche. Pero estrujar tu capacidad de crear leche te puede llevar a no tener leche. Equilibra ambos conceptos.

## Los *insights*

También lo vimos en *The Sales Matrix*, pero es importante aquí destacarlo. El autor y consultor de *marketing* Roy H. Williams, conocido por la trilogía *El mago de la publicidad,* citaba que «El primer paso para superar las expectativas de tu cliente es conocer las expectativas de tu cliente». Superar esas expectativas es lo que provoca ese tan mágico efecto WOW. Que no es más que la capacidad de una marca de generar sorpresa en su público, usuario o cliente. O de cualquier persona en general sobre cualquier otra persona. El objetivo es crear una experiencia diferente, emocionante y memorable. Y destacar así entre tus competidores.

Pero el paso previo a poder sorprender una marca a su audiencia, o cualquier persona a otra persona, en sus expectativas es, como bien dijo Roy H. Williams, *conocer esas expectativas.* Y para conocerlas necesitas de lo que se denomina, del inglés, los *insights*. Un *insight* se podría traducir al español más literalmente como una *visión interna*, y más genéricamente como una percepción o entendimiento. Mediante un *insight* un sujeto capta, internaliza y comprende una verdad revelada. Son aspectos que está ocultos en la mente de un consumidor y que hacen referencia a la motivación más profunda de este hacia una marca o producto. Encontrando un *insight* adecuado podremos descubrir una oportunidad de venta o la solución a un problema de compra, y por tanto un mejor impacto en tu audiencia. Debemos hacer el trabajo previo para conocer mejor esas necesidades y expectativas, y entonces trabajar en la dirección correcta para superarlas. Pero sin esa pieza de información previa, no podremos hacerlo. Al principio del libro hablamos de *dirigir*, de *personalizar* y de *hiperpersonalizar*. De eso se trata, de dirigir nuestro mensaje lo mejor posible a su receptor.

Te pongo un ejemplo sencillo de *insight* de una cadena minorista llamada Sephora a través de dos pilas de cestas que tenía en la puerta de sus comercios para sus clientes. Una pila de cestas era roja y la otra negra. Y junto a la roja una etiqueta ponía «quiero que me asistan» y junto a la negra «no quiero que me asistan». Es un ejemplo muy gráfico y simple de cómo se puede generar un impacto interesante en una experiencia de compra gracias a obtener un sencillo *insight* —por al color de la cesta elegida—.

## Las expectativas

Esto también lo vimos en *The Sales Matrix*, pero vamos a resumirlo porque ante una audiencia este concepto es crítico.

La mejor definición de felicidad que he visto nunca es la siguiente:

- Felicidad = realidad – expectativas.

Si consideramos la realidad como una variable quizás más difícil de controlar desde el corto plazo, tu punto de acción deberá centrase en las expectativas. En el corto plazo, así como en gran parte del medio plazo, podemos considerar la realidad como una variable fija, como una constante difícil de cambiar de forma rápida. De manera que las expectativas, tuyas o las de la persona u organización que tengas enfrente, es la variable que tenemos que trabajar. En el apartado anterior hablamos de expectativas también con el ejemplo de la cadena minorista Sephora y las cestas rojas y negras. Y la gran cita de Roy H. Williams, «El primer paso para superar las expectativas de tu cliente es conocer las expectativas de tu cliente». Donde sacamos la importancia de los *insights*. Es decir, para superar unas expectativas, antes debes conocerlas. Así y solo así generaremos ese tan buscado efecto WOW en tu cliente o en cualquier persona o empresa. Y por supuesto en tu audiencia. Conocer de antemano información interna sobre las principales y más profundas motivaciones que mueven la mente de una persona u organización es el paso previo necesario. Si conoces esas expectativas, podrás trabajar para superarlas. De ahí la enorme importancia de obtener esos tan valiosos *insights* de antemano.

## El *end2end*

En la preparación —estamos en la fase de planificar (*plan*)— no solo es importante tu ponencia —tu producción— y tu material de apoyo —tu capacidad de producción—, también es fundamental asegurar una experiencia completa extremo a extremo —en inglés a menudo lo vemos como *end2end*—. Una vez más en el libro *The Sales Matrix* trabajamos también esta parte, profundizando fuertemente en experiencia de usuario, experiencia de cliente, viaje de cliente, y otros. Aquí solo vamos a tratar una pequeña parte.

En una presentación no solo está el ponente y su material de apoyo. Está la invitación, el registro, la entrada, el aparcamiento, la sala, las pausas, el agua, el café, la salida, la posible encuesta final, etc. Dependiendo del foro será más extensa o menos, pero el ponente y su material no lo son todo. Veámoslo mejor con un ejemplo. Imaginemos un restaurante. Tú eres el cocinero. Por mucho que prepares una comida magistral, los precios sean adecuados y el clima del local también, la experiencia final completa del comensal puede arruinarse por no prestar atención a aspectos tan sencillos como el modelo de reserva, el aparcamiento, la atención de los camareros, el proceso de pago o la salida. Y eso está fuera de tu control como lo puede también estar todo lo que hay detrás de tu presentación. Tú no eres todo, eres parte del todo. Y la experiencia completa extremo a extremo es lo que va a valorar tu audiencia. Es lo que en inglés se denomina el *customer journey* —de viaje de cliente—. Y es otro aspecto que vigilar, quizás más por el lado de la organización, sí, pero no debe ser descuidado. Tenemos que asegurar que la experiencia —con sus expectativas y demás— completa del viaje de tu cliente en tu presentación sea memorable extremo a extremo, de principio a fin. Todo.

## La complejidad

En mi búsqueda por optimizar el proceso de trabajo, he desarrollado una metodología —se describe completamente en *The Sales Matrix*— que denomino *Nivelarse para controlar*. Esta sistemática se centra en la importancia de equilibrar tres elementos cruciales: el resultado deseado, el tiempo disponible y el nivel de detalle. A través de mi experiencia, he observado que el perfeccionismo puede ser un obstáculo en la consecución de nuestros objetivos, especialmente cuando el tiempo es un recurso limitado.

La clave de esta metodología es la adaptabilidad. Al establecer el resultado y el tiempo como constantes, el nivel de detalle se convierte en la variable ajustable que nos permite alcanzar nuestros objetivos de manera eficiente. Es preferible obtener un resultado completo con un nivel de detalle menor, que uno parcial con un nivel de detalle excesivo. Esta flexibilidad nos permite enfocarnos en lo que realmente importa, evitando la trampa del perfeccionismo que a menudo conduce a la inacción o a la pérdida de tiempo en detalles insignificantes.

Para ilustrar esta idea, pongo el ejemplo de lavar un coche con tiempo limitado. Si nos obsesionamos con el detalle, podríamos terminar limpiando solo una parte del coche. Sin embargo, al reducir el nivel de detalle, podemos lograr un coche completamente limpio —aunque sea para un grado de limpieza inferior al anterior, pero cubriendo todo el vehículo, no solo una parte— en el tiempo asignado. Este enfoque pragmático no solo tiene utilidad en el ámbito profesional, sino que también puede ser una valiosa herramienta en nuestra vida cotidiana, ayudándonos a lograr más con menos y a vivir con una sensación de logro y control.

Volviendo a la temática del libro, esto nos servirá mucho para adaptar y nivelar el contenido y complejidad de una presentación al tiempo que dispongamos para la misma. Recuerdo la importancia de la holgura. No tenemos que correr, debemos preparar el material y el mensaje a cubrir de tal manera que vayamos tranquilos, con pausas, escucha y esa holgura buscada. Nivelémonos para controlar eso. Si quieres ahondar más en cómo gestionar y vivir ante la complejidad, en *The Sales Matrix* lo cubrimos a lo largo de un capítulo entero dedicado a ello.

Con esto hemos cubierto el bloque 1 de «Planificar (*plan*)».

Continuamos...

# BLOQUE 2: Construir (*build*)

# EL POWERPOINT

*Se necesitan 20 años para construir una reputación y cinco minutos para arruinarla. Si piensas en eso, harás las cosas de forma diferente*

WARREN BUFFETT

Usaremos PowerPoint como término genérico para referirnos a cualquier aplicación para crear presentaciones. PowerPoint es probablemente la más común y usada, pero hay otras opciones como Google Slides, Canva, Prezi, Keynote —que es de Apple— o LibreOffice Impress —que es de código abierto—. Yo es la que uso hoy, pero la citaremos como palabro genérico al caso, siendo todo lo comentado válido para cualquier otro programa similar.

## La realidad hoy

Lo comentamos más atrás, pero el uso y abuso de PowerPoint actualmente se está convirtiendo bajo mi punto de vista más en una tortura que en una ayuda. Con cierta ironía me atrevería a decir que parece que buscamos vengarnos en nuestra siguiente presentación con el horror recibido en alguna anterior. Haciéndose un círculo vicioso sin fin. Obviamente eso no es así, esa no es la causa.

Pero el mal uso y el sobreúso de esta herramienta se está convirtiendo en algo estándar y, como comenté al inicio de la obra, ha sido el motivo de que me haya animado a este tercer libro de la saga Matrix.

Como dije más atrás, te invito a que busques por Internet los peores PowerPoint, las peores diapositivas, y así. Y verás que más que ser lo peor, encontrarás cosas más que habituales de lo que recibes en tu día a día. Exceso de información, contenidos muy detallados, letras minúsculas imposibles de ver, contrastes infinitos, etc. Mi ánimo con esta obra es poner fin a ello. Hacernos reflexionar. Y todo ello gracias a haber sido torturado —irónicamente de nuevo lo digo— infinidad de veces como cliente receptor de PowerPoint. Seguro que yo también he castigado a más de uno, pero creo que toqué fondo y desde entonces levanté mi vuelo. Por un lado, usándolo solo cuando es necesario —mucha gente lo usa siempre para cualquier cosa— y por otro lado usándolo como herramienta de apoyo, como medio, y no como fin —como ya hemos comentado—. PowerPoint es un medio fabuloso, increíble, pero al igual que con las drogas —las de farmacia— o el vino, su mal uso y su sobreúso le dan la vuelta a la tortilla y gira su efecto a lo inverso. Que es una tortura satánica para cualquier audiencia. Y posiblemente sea lo hace hoy en día el 80% de la gente.

A continuación, vamos a ver 10 reglas extremadamente sencillas que bajo mi punto de vista y perspectiva personal —reitero lo visto en el apartado «La perspectiva»— nos ayudarán a huir de ese 80% del horror comentado —tras verlas posiblemente pienses que me quedé corto con ese 80, pero seamos optimistas, ¿verdad? —.

## Regla Nº1: Tú

La regla es la siguiente:

- Tú eres la presentación, no las *slides*.

Tendemos a confundir —como ya comentamos atrás— el medio con el fin. Recuerdo y no me cansaré de repetirlo que el PowerPoint es el medio, no el fin. Es una herramienta de ayuda. Y por tanto tú eres la presentación. Si tuviera que buscar un mensaje principal, un hilo conductor común para todo el libro —de acuerdo con lo visto en el bloque anterior—, sería este. Que tú eres la presentación. Tú eres el PowerPoint. La audiencia te tiene que ver antes a ti, no a las diapositivas. Tú debes ser el foco, no las *slides*. Las *slides* son puntos de apoyo para tu discurso, pero no sustituyen a tu discurso. Tú no vas a ponerte a leer tus diapositivas. Tú hablas y de vez en cuando las diapositivas te refuerzan, pero nunca te sustituyen.

Es muy típico oír un comentario del estilo a «me voy a preparar un PowerPoint que mañana tengo una sesión trascendental», y se quedan quizás hasta las 4 de la madrugada casi sin dormir ni descansar preparando lo que para él es el mejor PowerPoint de la historia. El mejor porque lo tiene todo. Pero recuerda lo de la producción y la capacidad de producción. Lo importante es el mensaje, la estructura, lo que vas a contar —repito, contar, no enseñar—. Lo determinante no es el PowerPoint, eres tú. Tú eres la estrella, con la preparación adecuada —mentalmente hablando, estructurado— y el cuerpo adecuado —físicamente hablando, descansado—. Producción y capacidad de producción juntas, equilibradas. Porque tú eres el foco y punto de atención de tu audiencia, no tus *slides*. Estas te complementan, te ayudan, te apoyan, te refuerzan, te multiplican. Pero ellas a ti y no al revés. Porque tú eres la presentación. El protagonista eres tú, no las *slides*.

Además de interiorizarlo, el cómo construyas tus diapositivas también te ayudarán a que tú seas la presentación. Lo veremos mejor en las siguientes reglas. Porque también es un tema de foco visual. Los ojos tienden a irse adonde ven mejor punto de foco. Además de ponerte tú delante y no detrás de las *slides*, si estas tienen un punto de foco inferior al tuyo, ayudará. Por cómo vas vestido, por cómo son las *slides* en cuanto a color y contenido, etc.

Pero eso lo veremos en las siguientes reglas. Ahora lo importante es que lo interiorices muy hondo que tú eres el PowerPoint. En la película *El lobo de Wall Street*, de 2013, Leonardo DiCaprio protagoniza magistralmente actuaciones delante de sus empleados masivamente realmente estelares respecto a lo que me refiero. Sin PowerPoint en este caso, porque, como digo, no siempre será necesario. Un buen discurso sin diapositivas no tiene precio. Pero esa película tiene momentos realmente estelares de ser foco, estrella, captar la atención con poderío y de ser PowerPoint.

Si me tengo que quedar con un único mensaje que te lleves de este libro, es este. Recuérdalo muy bien y grábatelo fuerte en tu cabeza.

## Regla Nº2: Uno

La regla es la siguiente:

- Un mensaje por *slide*, no más.

Tendemos a cargar las *slides* con demasiado contenido. Las masificamos de datos, mensajes, texto, imágenes. Parecen libros o revistas. Pero todo esto lo veremos en las siguientes reglas. Lo importante de esta es que el cerebro humano no tiene tanta capacidad de procesar tantos datos a la vez. Y queremos foco. Foco en nosotros y lo que decimos —porque tú eres la presentación— y foco en el mensaje que queramos proyectar. Y llenar tus diapositivas de muchos mensajes produce el efecto contrario, desenfocar, a ti como PowerPoint que eres y a tu mensaje. Por tanto, para evitar esto, pondremos un único —uno solo— mensaje por *slide* y no más. Cuando digo un solo mensaje no quiero decir una línea o un punto. Me da igual cómo, como si es una foto. Pero solo trasladamos un único mensaje —concepto— por diapositiva. Uno solo.

Veamos un ejemplo. Si estamos ante una multitud en un evento y nos presentan a un grupo, generalmente no recordaremos luego ninguno de los nombres. Porque estamos juntando muchos mensajes a la vez. Estás pendiente de lo que te dice uno, de que te suena el otro, de que te presentan a tres a la vez, de que tienes que contarle esto a aquel, etc. Tu cabeza está en muchos mensajes a la vez y nuestro cerebro no es tan multitarea como creemos. Esto lo tratamos en *The Sales Matrix* donde doy un consejo para recordar los nombres, recomiendo encarecidamente verlo, pues es mágico y desde que lo aplico que nunca se me olvida ninguno. El concepto será similar y parte del truco —solo parte, hay algo más detrás— está en no mezclar mensajes. En hacer una sola cosa a la vez. En poner foco. En la monotarea. Una detrás de otra, sin prisa. Más adelante resumiremos de forma muy breve este consejo.

Así que, recuerda, no traslades más de un mensaje por *slide*. Puedes dar tantos mensajes como quieras, pero uno detrás de otro, en diferentes diapositivas secuencialmente, de forma separada. Así tendrás el máximo foco en ti y en tu mensaje. Esto seguramente te traiga a la cabeza algo, lo sé. Que entonces vas a necesitar demasiadas diapositivas. Cierto, ese es el problema, o no. Eso lo veremos en otra regla más adelante. Pongamos foco regla a regla. Un mensaje por regla —aplicándome mi misma medicina—.

## Regla Nº3: 1+1=0

La regla es la siguiente:

- O lees o escuchas, no las dos.

La multitarea no existe: no puedes leer y escuchar a la vez durante una presentación. Grábate bien esta regla. Si pones mucha información —texto, gráficos, etc.— en tu diapositiva, ¿qué va a hacer tu audiencia? Ponerse a leerla toda. ¿Y qué no va a hacer tu audiencia? Escucharte, perderás el foco. No serás tú la presentación. Por tanto, aunque mantengamos la regla anterior de un solo mensaje por *slide*, evita usar textos largos que fuercen a tu audiencia a ponerse a leer. O no usas texto, o colocas una foto, o lo dejas muy breve y esquematizado —y no el texto cual estaría en un libro—. Citas el titular, punto. El PowerPoint es un punto de apoyo, no debe ser una chuleta o guion que dicte tu discurso letra a letra. Con ver un titular breve esquematizado es suficiente para acordarte. Y si en lugar del titular en texto es una imagen, mejor. Te vas a acordar igual. Y si ese titular o imagen enfatiza tu discurso, más que mejor. El PowerPoint debe sumarte, no restarte. Debe multiplicar y dar fuerza a tu mensaje, a ti, a tu voz. No anularlo y restarlo. Porque como dice el título de este apartado, 1+1=0. Es decir, si lees y escuchas, el mensaje final que quedará será ni leer ni escuchar. No va a ser 2, va a ser 0. 1 o 1 será 1. Pero 1 y 1 será 0.

Así pues, recuerda muy bien: o haces que te lean, o haces que te escuchen. Pero si quieres que te escuchen, no le pongas fácil a tu audiencia que te lean. Creo que me estás siguiendo. Las siguientes reglas también ayudarán a dar más fuerza a todo esto. Seguimos regla a regla, mensaje a mensaje. Vamos a por la siguiente.

## Regla Nº4: Alinea

La regla es la siguiente:

- Alinea, da mayor legibilidad que centrar.

En una presentación, el texto centrado puede ser tentador de usar porque es simétrico. Pero el texto alineado a la izquierda es mucho más fácil de leer. De ahí por qué todos los libros y blogs están alineados así. Cuando alineas el texto al centro, tienes desorden en ambos lados de tu mensaje. Pero con el texto alineado a la izquierda, nuestros ojos saben dónde empezar, lo que aumenta la legibilidad. Cuando leemos letras centradas, nuestros ojos tienen dificultad para captar dónde comienza la siguiente línea. En cambio, ese borde izquierdo alineado forma una línea invisible que nuestros ojos captan, y además pueden extender y encontrar alineación con otros objetos en nuestro diseño de la *slide*.

La fórmula es muy sencilla: alineación = conexión. Te invito a que veas lo que te comento sobre una presentación. Te darás cuenta enseguida de lo que decimos. Quizás centrar pueda estar bien —opcionalmente— para títulos o similar. Pero no para textos o listas. En general, trataremos de huir de textos —cual están en un libro o blog— y buscaremos más listas, esquemas o titulares breves. Pero en cualquiera de los casos alinear multiplicará su legibilidad. Recuérdalo bien. Si no, ¿por qué ningún libro se centra?

## Regla Nº5: Grande

La regla es la siguiente:

- Grande lo importante, no al revés.

Tendemos por ejemplo a poner en tamaño mayor los títulos de una *slide*. Pero en la mayoría de los casos el título no es lo importante, si no lo que viene debajo, que es su contenido. Es decir, un texto, un gráfico o una imagen. Y como si fuera una regla universal general, ponemos el título en un tipo mayor de letra, provocando —por foco, como repetimos continuamente, adonde se nos va la mirada— que la atención se vaya al título y no al mensaje real. Si esa era tu intención, genial. Pero estoy seguro de que la mayoría de las veces no lo es. Y si lo hacemos así es porque pensamos —como la mayor parte de las cosas en la vida, porque así las aprendimos, porque así nos lo dijeron, porque así lo hace el resto del mundo— que es lo correcto. Pero de nuevo te invito a que hagas una diapositiva y pruebes ambos resultados, título grande vs. título pequeño con relación al resto de la diapositiva. Lo que pensamos que es lo realmente vital debemos asegurar destacarlo más sobre lo demás. Y si el título no lo es, no lo hagas, ponlo en un tamaño menor.

Esto del título no era más que un ejemplo, pues es lo más típico. Pero esto aplica principalmente al contenido en general de la *slide*. Dentro de la diapositiva debes destacar visualmente lo más esencial con respecto al resto. Y una de las armas que tienes es el tamaño de letra. No decidas el tamaño por orden o cosmética, sino que por importancia y foco de atención. Donde tú quieras que se dirijan antes los ojos de tu audiencia. Todo en una presentación se trata de lo mismo, si te fijas, de dirigir el foco. Podemos elegir qué presentamos y cómo, pero no podemos elegir adónde apuntan los ojos de tu oyente. O sí, gracias a estas reglas. Claro que podemos. Vuelvo al ejemplo del salón, si estás a oscuras y pones la televisión, ¿adónde irán los ojos de todos, aunque no la estén viendo? ¿Y si enciendes el fuego de una chimenea? ¿Y si abres una luz? Incluso no todo es visual, también, ¿y si subes el tono de voz en una palabra concreta con relación al resto en una frase? Todo se trata de lo mismo, de foco. Y foco por tamaño, color, luz, volumen o contraste. Y esto me lleva a la siguiente regla. Veámosla.

## Regla Nº6: Contrasta

La regla es la siguiente:

- Contrasta donde quieres foco, no todo.

Si coges una presentación, escribes cuatro líneas con el mismo texto y la contrastas de diferente manera, a independencia de su orden, los ojos van a ir primero a la de mayor contraste, luego a la siguiente y así hasta la última. Por ejemplo, aunque por orden de aparición la cuarta línea tenga letra de tamaño 20 y la primera tenga tamaño 10, los ojos irán primero a la cuarta línea, aunque no sea la primera en orden de aparición, porque es de mayor tamaño. Esto enlaza obviamente con la regla anterior, pues hablábamos de tamaño. Pero si la segunda y la tercera línea tienen el mismo tamaño de letra, 15 por ejemplo, pero la tercera está en negrita y la segunda no, los ojos irán primero a la tercera línea, pues contrasta más. Y entre las cuatro el orden será primero la cuarta, luego la tercera, luego la segunda y por último la primera.

Esto añade otra dimensión al foco que es el contraste. No solo por tamaño, sino que también por color, grosor o incluso movimiento. Volvemos a la televisión o al fuego de la chimenea en el salón. Te invito a que lo pruebes tú mismo sobre una diapositiva. Y recuerda de nuevo que no todo es solo visual, también funciona con sonidos y tu tono de voz, pues no deja de ser otro modo de contrastar.

Dicho esto, y conociendo esta ventaja para ganar la atención del foco, maneja tus diseños de presentación para llevar los ojos de tu audiencia adonde tú desees y en el orden que tú desees. Y esto no sirve solo para textos normales, esquemas o listas. Esto sirve mucho también con tablas, por ejemplo. Típico que se presentan tablas financieras intratables de números donde el ponente habla de algo de esa tabla —una cifra— que la audiencia se desvive por hallarla —y según la regla Nº3 por estar leyendo, y buscando, no escuchan—. ¿Por qué sabiendo eso no pones toda la tabla contrastada sobre un gris flojo para resaltar justo la celda a la que estás poniendo tú —pero no tu audiencia, que está perdida— el foco? O, si prefieres, con una flecha sobre la diapositiva. Y a medida que te vas moviendo de celda, vas cambiando de casilla contrastándola por color o con una flecha que la señale —y te siga adonde tú digas—. Pero imaginación al poder. O tapar el resto y dejar solo la parte de la tabla del foco. Y cuando listas texto o pones un esquema, lo mismo. Destaca o contrasta donde estás dirigiendo tu foco, por tamaño, por negrita, por color más fuerte que el resto o por una flecha que vayas moviendo. Eso lo eliges tú. Se trata de ser tú el que guíe los ojos de tu audiencia por contraste y no ellos los que perdidamente estén divagando, navegando sin rumbo por tu *slide* y sin escucharte —por lo del 1+1=0: o leen o escuchan—.

Y esto del contraste me lleva a un punto más —enlazando con la regla Nº1 donde tú eres la presentación—. No solo contrastamos dentro de la presentación, también contrastamos nosotros contra la presentación. ¿Cómo? Fácil. De la misma manera. Si ya sabemos cómo destacar algo por contraste dentro de una *slide* —tamaño, color, negrita, flecha, etc.—, podemos hacer lo mismo con nosotros contra la *slide*. Los fondos de las presentaciones tendemos a ponerlos en blanco o claros, de manera que destacan mucho respecto al resto de la sala —incluido nosotros, que somos el PowerPoint—, quedando nosotros en segundo plano. O las llenamos de demasiado información, demasiados mensajes como comentamos, demasiado texto, tablas infinitas, etc. Pongamos fondos más discretos respecto a nosotros y la sala, más oscuros. Y menos información como no nos cansamos de repetir. Y sí, lo estás pensando, lo sé, tú también puedes vestirte destacando respecto al resto —sin cometer locuras eh—. En el argot del mundo del ligue, como comentamos en *The Sales Matrix* —como curso de ventas que es, ligar y vender es lo mismo—, a eso se le llama *pavonearse* —para diferenciarse, como los pavos reales, sí—. Pero queremos destacar, contrastar respecto a la presentación y la sala.

Los fondos más oscuros ayudan muchísimo, yo los prefiero. O fotos en lugar de textos —y que no sean muy claros tampoco—. O fondos planos con casi nada de texto —y no muy claros—. Recuerda las grandes presentaciones de Steve Jobs de sus lanzamientos de productos. Casi cero letras, fondos oscuros, solo imágenes, un solo mensaje por *slide*, generando siempre intriga hacia el siguiente mensaje, etc. Un maestro Steve. Pero por pura lógica —no creo que le viniera de ningún curso ni libro, su propia experiencia, inteligencia y empatía comercial—. Te invito a que busques en YouTube sus vídeos de lanzamientos, maestría pura.

Por cierto, poner videos es muy potente, sin duda. Pero recuerda que ese será todo el foco de la audiencia. En ese caso, no luches contra su atención. Ya que has decidido ponerlo por alguna razón, espera y no entres en competencia con él hasta su final. Salvo que contrastes el vídeo en voz baja y vayas comentándolo señalado cosas de él. Pero recuerda la regla Nº3 —1+1=0—: o leen o escuchan.

Y, por último, dentro del contraste, nuestra posición. Recuerda que tú eres la presentación. No se te ocurra esconderte detrás del PowerPoint, o en una esquina. Tú eres el verdadero protagonista.

Debes destacar, contrastar también por posición. No tengas miedo. Tú eres el líder, eres la voz, eres el PowerPoint. Tu posición, tu tono y volumen de voz —seguro, firme, alto—, tu sonrisa, tu postura, tu movimiento de brazos. Todo esto lo veremos más adelante cercano el final. Pero es puro sentido común. El lenguaje corporal no es una técnica, yo no creo en las técnicas de nada —suena a truco, a engaño, a vendedores de crecepelo—. La misma lógica corporal que sirve ante un amigo o tu pareja, aquí. Recuerda lo que dijimos más atrás como regla base, citamos la palabra *amigo*. Comentamos de estructurar la presentación tal cual contarías esa historia a un amigo. Pues lo mismo en tu puesta en escena, utiliza la misma norma. Tanto para la estructura del PowerPoint como para el mensaje, el tono de voz o la posición. Y todo ello formará parte de tu contraste, de la presentación y de ti.

Por cierto, hablaremos de puesta en escena también más adelante, ahora tenemos nuestro foco en las reglas del PowerPoint.

## Preludio a la regla Nº7

Veamos la siguiente lista:

1. 5
2. 6 3
3. 7 4 9
4. 0 3 7 1
5. 9 4 1 6 4
6. 7 8 5 6 2 9
7. 2 0 9 1 3 7 4
8. 4 0 9 1 2 8 5 2
9. 9 4 6 7 8 2 3 1 5
10. 7 6 8 3 7 5 1 2 9 8
11. 3 1 7 9 0 4 5 3 2 8 9
12. 6 4 3 9 1 7 3 6 4 8 6 2

¿Hasta qué fila eres capaz de recordar sin dificultad los números? —sin dificultad significa de manera sencilla y natural, sin sacar humo de nuestro cerebro, que es como estará la audiencia en una sala de conferencias—. Si quieres, empieza por la fila 1, luego la 2 y así hasta que sientas que empieza a costarte recordarlos.

Esto me lleva a la *Ley de Miller* —George Miller es un profesor en psicología cognitiva que estudió y acuñó en 1956 esta ley—:

- El número de objetos que un humano promedio puede tener en la memoria de trabajo es entre 5 y 9, es decir, 7 ± 2.

Dicho de otro modo. La *Ley de Miller* como principio psicológico determina que una persona adulta es capaz de recordar en la memoria a corto plazo un máximo de más o menos 7 elementos de manera simultánea. Dicho esto, por si nos quedamos mejor en el límite inferior, me lleva a que cinco (5) es nuestra respuesta.

Hubiera sido fácil de responder si lo tuviéramos puesto en el título del apartado previo a hacer la pregunta. Hemos usado el concepto de *preludio* en el título para poder ocultarlo. Esto es un libro y es poco habitual hacerlo, pero hemos querido predicar con el ejemplo inventándonos esto. En una presentación será más sencillo de hacer porque es más dinámica y el propio PowerPoint dispone de herramientas que lo facilitan. Pero en general, será mejor reservarlo tapado como componente de suspense y atención. Buscaremos siempre mantener lo más alta la atención, duda, expectación y el deseo de querer saber más —cual película, recuérdalo—.

Ahora sí puedo ya poner su título.

# Regla Nº7: Cinco

La regla —que prácticamente ya ha sido explicada en el apartado anterior como preludio a la misma— es la siguiente:

- Cinco objetos por *slide*, no más.

Aunque según la regla Nº2 vamos a dar un único mensaje por *slide*, luego la diapositiva puede incorporar listas, esquemas, puntos, figuras, etc. Es decir, objetos —un mismo mensaje puede componerse de varios objetos bajo él—. Pues de cara a respetar la memoria del humano medio sin tensionarla demasiado —y más cuando va a recibir varias diapositivas cada una con sus objetos una detrás de otra— no vamos a intentar sobrepasar la cifra de cinco objetos por *slide*. Todo esto enlaza con los conceptos que continuamente estamos dando de poca información por diapositiva, poco texto, contraste en lo importante, no cargar demasiado, tú eres la presentación, tu voz y tú sois el foco de todo, etc. Y no poner muchos objetos por *slide* no deja de ser lo mismo, solo que tenemos el soporte científico ahora detrás de esta gran ley.

Recuerda pues tratar de no poner dentro del mensaje único de cada *slide* no más de cinco objetos por diapositiva. Y si puedes evitar cargarla de muchos objetos de manera encadenada, mejor. Más adelante hablaremos de esto, pues una cosa es mantener una intriga constante arriba y otra que la acción de la película sea máxima sin ningún tipo de descanso de principio a fin. Y el número de objetos aporta acción. Deberemos alternar muchos con pocos. Lo veremos más adelante cuando hablemos de los descansos cognitivos —¿ves?, quizás esta sea otra forma de adelantar intriga—.

## Preludio a la regla Nº8

Volvemos a otro preludio. Tranquilo, no habrá más. Solo son dos —necesito de nuevo tapar el título para mantener mejor la atención de la historia sin revelar su resultado, será mejor para ti—.

Visto todo lo anterior, que está genial, encontramos un posible problema. De hecho, más atrás ya lo adelantamos y dijimos que lo trataríamos más adelante. Pues ha llegado su hora. ¿Cuál es ese problema? Pues que generalmente nuestras organizaciones, nuestros jefes, nuestros clientes casi siempre nos dicen que «No más de X *slides*». Y todo esto que estamos viendo —un solo mensaje por *slide*, no más de cinco objetos por diapositiva, no cargar mucho de información, etc.— no nos va a dejar cumplir con ese requerimiento. Porque, claro, cuando uno prepara una presentación para algo y le salen por ejemplo 40 *slides* y luego recibe ese mandato de no más de 4, ¿qué hace generalmente la gente? Pues condensar de forma comprimida —tamaño de letra menor, varios mensajes por *slide*, decenas de objetos por diapositiva, etc.—. Condensamos a razón —para el ejemplo— de 10 a 1 las diapositivas, es decir, convertimos para la misma cantidad de información 40 *slides* en 4. Es así de sencillo, porque nadie quita nada, lo condensa. Y sus organizaciones, jefes o clientes felices todos. Te dicen, «Bravo, has cumplido lo que pedí, ¡felicidades!, solo 4 *slides*».

Absolutamente contradictorio. ¡Qué falacia! Sin embargo, es la pura realidad. Te suena, ¿verdad? Y ellos tan felices, pero, por el símil de la informática, la cantidad de gigabytes de la presentación de 40 diapositivas vs. la de 4 es exactamente la misma. Cognitivamente pues sigue manteniendo el mismo nivel de complejidad y número de mensajes y objetos la de 4 que la de 40. Y, además, si tenías una hora para presentar, has estado 15 minutos con cada diapositiva. ¿Te puedes imaginar el tipo de tortura que puede ser estar un cuarto de hora viendo la misma *slide*? Hablamos seguramente de unos 10 mensajes y de como 50 objetos por cada diapositiva. Por el símil del cine —porque esto va más de películas y contadores de historias—, que procesa centenas de imágenes por minuto, sería el horror más grande de todos los imaginables. Pero tú lo sabes, es una realidad presente. Y nos lleva a la regla Nº8.

## Regla Nº8: Por objetos

La regla es la siguiente:

- El tiempo es lo importante, no el número de *slides*.

Es decir, como no vamos a hablar a nuestra organización, jefe o cliente en unidades de medida de mensajes u objetos cognitivos —nos mirarían de locos—, sí podemos decirles que «tranquilos, no va a ocupar más de X minutos». Y tratar de convencerles. Tarea nada fácil dada la posición jerárquica o de poder respecto a la tuya de seguramente la mayoría de los casos. Se trataría de cambiar número de *slides* por número de minutos. Y que tengas suerte, pues, insisto, no va a ser nada fácil girarlo. Otra cosa es una sesión libre —sin restricciones por *slide*— o donde tú seas quien manda.

Generalmente los que imponen esas restricciones son porque ya han sufrido lo que contaba al inicio como causa de por qué hago este libro. Lo que lo cortan por lo que es más fácil para ellos de decir: el número de diapositivas. Sin ser conscientes que justamente eso forma parte del problema y se les va a volver en su contra —condensando la información—. Tiene difícil solución, ciertamente. Una alternativa es obsequiarles este libro —es una broma, claro—. Y la última de las opciones es mantener lo de concentrarlo en esas pocas *slides* requeridas, pero aprovechar la ventaja —es un trabajo extra significativo, pero sirve— de las animaciones de PowerPoint. Es decir, que vayan apareciendo los elementos dentro de la misma diapositiva a medida que le das al clic y desapareciendo posteriormente tapándolo con objetos, por ejemplo. Es doble trabajo, lo sé, pero si no hay otra, funciona.

Si conseguimos convencer de ello, o mandas tú y sí puedes hacerlo, a mí me encanta a medida que voy hablando ir dándole al clic del pasar pantalla o animación —como buen *storyteller*— a un buen ritmo. Generalmente me gusta —eso es muy personal y depende de cada uno— estar no más de cinco segundos por clic —y seguramente un clic = una pantalla—. Acompañado por mí contando la historia como a un amigo —como comentamos en la regla base—. Siempre habrá excepciones donde debas pararte, como vídeos o tablas —en este caso animadas y bien contrastadas, para no aburrir y tener foco—. Pero no mantengas como norma general una *slide* parada mucho tiempo. Buscamos —por el símil del cine que tanto nos gusta— movimiento, acción, dinamismo, energía. Queremos a nuestra audiencia bien arriba.

Tenlo muy en cuenta. Deja de lado el sesgo y la idea de que lo importante es el número de diapositivas. Nosotros hablaremos de tiempo, el tiempo que nos ocupará presentar la cantidad de mensajes y objetos elegida. El tamaño real de una presentación lo marca la cantidad de objetos presentada y no el número de *slides*.

## Regla Nº9: Mínimo

La regla es la siguiente:

- Menos es más, no al revés.

Como citó Steve Jobs, «Haz que el tamaño de letra de las diapositivas sea mucho más grande, se leerá mejor y te obligará a usar menos palabras». Y como luego añadió, «Cuantas menos palabras haya en la pantalla, más atención recibirás por parte del público». Albert Einstein también afirmó, «Genio es hacer simples las ideas complejas, no hacer que las ideas simples sean complejas». Y adicionalmente añadió, «Todo debe hacerse tan simple como sea posible, pero no más simple». O Leonardo Da Vinci, «La simplicidad es la sofisticación definitiva». El mundo está lleno de frases célebres de grandes actores de la humanidad defendiendo la grandeza de hacer las cosas de la forma más sencilla posible. Eso es belleza, atracción a la audiencia y velocidad de comunicación con impacto.

Debemos trabajar con la máxima de hacer nuestra presentación lo más sencilla, simple, práctica y directa que podamos. Porque menos es más, y no al revés. La simplicidad debe estar por delante de todo. Insisto en buscar en YouTube al gran Steve Jobs, especialmente en vídeos de lanzamientos de sus productos. Steve ha sido un maestro del *marketing* y de los mejores comunicadores que han existido. Además de un gran *storyteller* —su capacidad para generar suspense y gestionar a la audiencia no tienen rival—. Y sus mínimas expresiones en sus presentaciones son para mí la mejor referencia de esto que hablamos, y más en el momento en el que las desarrolló —hace bastante más de una década ya—.

## Regla Nº10: Imagen

La regla es la siguiente:

- Usa la imagen o el video en lugar de o junto al texto.

La imagen o el vídeo tiene un poder multiplicador del mensaje proyectado realmente estelar. Es el más potente de los objetos que puedas usar. De hecho, si puedes no poner texto y sustituirlo por ello, mejor. Y si crees que es mejor mantenerlo y sumarlo, genial.

Una imagen o video potencia por mucho cualquier mensaje. Le confiere esa tercera dimensión de lo intangible. Despierta emociones. Si es vídeo, al sumar sonido y movimiento podemos generar un impacto mucho más directo al corazón —pero recuerda lo comentado más atrás con los vídeos de aplicar también lo del 1+1=0, si pones uno, espera a que acabe para hablar—. Es una manera poco cargante —por lo de la limitación de objetos por *slide*— de aportar fuerza a tu mensaje. Sencilla, relajante, ligera de peso. Además, evade en la sala, puede llegar a conmover. Es magia pura que a menudo aprovechamos poco. Y es muy fácil. Me explicaré.

Imagina que tienes un mensaje concreto que poner como texto. Escribes ese mensaje resumido —solo sus palabras clave— en tu buscador preferido, filtras por imágenes o videos y ahí tendrás una gran selección. Seguro que te costará pocos clics ir delimitando entre tus resultados: buscando de nuevo, filtrando por conceptos que te vayan derivando durante la búsqueda, y así hasta tenerlo. Si te preocupa utilizar material donde los derechos de autor pudieran ser un problema, hay muchas fuentes libres de creadores de contenido que buscan hacerse famosos o destacar para luego cobrar, que puedes bajártelas gratis y usarlas con su permiso a cambio de nada, de una pequeña donación o simplemente citándoles. Yo las uso mucho. Búscalas por Internet, hay algunas increíbles. Un ejemplo de uno muy potente es Pixabay.

Esto yo lo descubrí gracias a la red social Twitter. Hice un experimento personal hace varios años para acabar de entender su funcionamiento, publicando frases célebres o pensamientos personales para llevar a la reflexión. Empecé a publicar, y todo bien, pero bien tirando a normal. De repente me dio por incorporar esto que digo de las imágenes o videos, para multiplicar la potencia lateral o para conceder esa tercera dimensión —3D— a mi mensaje. Y sorprendentemente mis mensajes exponencialmente empezaron a hacerse virales, multiplicándose los reenvíos y creciendo mi red de seguidores en muy poco tiempo por encima de los 50.000. Fue para mí solo una experiencia de aprendizaje que llegué a completarla y me paré. No necesito ego por seguidores, como dijo Tom Peters, «Los líderes no crean seguidores, crean más líderes». Y quise dedicar mi tiempo a otras cosas nuevas, entre ellas por ejemplo a escribir. Pero el gran diferencial para mí de ese rápido éxito cuando le puse gasolina al caso fue gracias a lo de este apartado. Y eso funciona obviamente también para tus presentaciones, porque no dejan de ser lo mismo. Mensajes, objetos y dar valor.

Recuerda pues usar la fuerza de sustituir o complementar el texto de tu *slide* a través de imágenes o vídeos. Conseguirás multiplicar el mensaje por mucho y le concederás un toque 3D muy especial.

Un pequeño apunte. Repito mucho lo de querer ser ejemplo de lo que escribo a lo largo de este libro. Pero en esta obra no utilizo imágenes adrede, justamente aquí no lo haré. Mis dos primeros libros de la saga sí las usan. Pero en este he querido provocar un efecto donde dejemos más volar nuestra cabeza creando cada uno sus propias imágenes mentales de lo que estamos leyendo. Lo hago para no limitar nuestra propia creatividad lectora. Pienso que, en una presentación, o en las redes sociales, es diferente. Ahí buscamos multiplicar el efecto con lo que leemos. Cual anuncio publicitario. Pero en un libro buscamos volar con nuestra imaginación, queremos rellenar nuestras expectativas de lo que pensamos con nuestra creatividad. Por eso los libros generalmente no las tienen. Se componen de letras. Quien quiere imágenes, busca cine —y una presentación es eso, cine—. Pero quien quiere letras, busca libro. Aquí pondremos letras y exclusivamente letras —adrede—. Como dijimos en «La perspectiva», es mi opinión.

## Compendio resumido de las 10 reglas

Una vez vistas las 10 reglas, dado que han aparecido entre muchas páginas desarrolladas una tras otra, vamos a juntar aquí su titular a modo de compendio simplificado de todas —a vista de pájaro—.

1. Tú.
2. Uno.
3. 1+1=0.
4. Alinea.
5. Grande.
6. Contrasta.
7. Cinco.
8. Por objetos.
9. Mínimo.
10. Imagen.

## Y recuerda: la madre de todas las reglas

Esta es la regla suprema de todas. El mensaje principal para mí —recuerda el apartado donde lo tratamos— de este libro para ti.

Regla Nº1: Tú.

- Tú eres la presentación, no las *slides*.

Grábatela bien fuerte. Pero no te preocupes, volveremos a repetirla. El mensaje principal es el hilo conductor y siempre necesitará eso: apertura potente, cierre potente y repetición continua.

# DÍA -1

> No puedes mirar a la competencia y decir que lo vas a hacer mejor. Tienes que mirar a la competencia y decir que lo vas a hacer de forma diferente
>
> STEVE JOBS

## No *sobreensayar*

Por el mismo símil de cuando ajustamos un tornillo que corremos el riesgo de *pasarnos de rosca* y hacerlo entonces inservible, lo mismo nos puede suceder con nuestras presentaciones. Tanto a nivel del material utilizado como a nivel de preparación de la sesión. Cuando cruzamos esa raya, se empieza a perder frescura, originalidad y todo poco a poco se nos va derrumbando hasta *perder la rosca* por completo. Es realmente muy peligroso.

Estamos en el día previo a la sesión donde vamos a salir al escenario a defender nuestra presentación —con o sin PowerPoint, insisto, no siempre se necesitará uno, puede ser también una charla a capela sin *slides*—. A ese día previo le hemos llamado en nuestro título de capítulo *día -1*. Y es en este día anterior cuando la gran mayoría de los humanos comienza a prepararse para el gran acontecimiento una vez cerrada su presentación. Y prepararse implica ensayarlo. Escenificar la situación y simular que estamos delante de nuestra audiencia para exponerlo todo. Y esta parte, aunque pueda parecer que no, como ya adelantamos es tremendamente peligrosa. Ahora me explicaré mejor por qué, pero el propio título del apartado adelanta ya cierto *spoiler* a lo que quiero compartir contigo. Pero no me preocupa, porque revelar eso no es lo importante, sino mi recomendación para evitarlo —siempre en base a mi experiencia y perspectiva personal, que nunca me cansaré de repetir—. Ensayar en exceso pues tu sesión puede ser altamente arriesgado. Y vamos a compartir unos pasos muy sencillos a aplicar en ese *día -1* —o día previo a nuestra gran sesión—.

Primero de todo la regla de oro para el *día -1* ya comentada y que ya figuraba en el título —pero que como es tan corta y crítica, vamos a subrayarla de forma aislada y bien clara a continuación—.

Regla de oro:

- No *sobreensayar*.

Y ahora, veamos los cinco pasos que aconsejo seguir en ese *día -1*:

1. Cierra la presentación.
2. Ojea por encima la presentación.
3. Ensaya una sola vez y no más el discurso completo.
4. Si han salido errores, vuelve a ojearlos y reensáyalos.
5. Desconecta y descansa, y asegura dormir bien.

Veamos a continuación cada uno de estos pasos.

*Cierra la presentación.* Cierra su contenido y diseño, carpetazo. Se acabó. Ya no se toca más —salvo que detectes algo crítico—. Y olvídate por completo de ella. Recuerda lo de que no siempre será necesario un PowerPoint. Si ese es el caso, es decir, si decides ir sin *slides*, sigue todo lo comentado por igual solo que sobre tu preparación, guion o estructura mental que tengas. Pero no le des más vueltas ya a la preparación y ciérrala del todo.

*Ojea por encima la presentación*. Una vez cerrada la presentación, ojéala *por encima* —si decidiste no hacer PowerPoint, tu esquema, notas o la preparación que usaste— sin profundizar demasiado, a cierta distancia, pasando *slide* a *slide* sin pararte mucho en ellas. Fíjate como de lejos de qué va cada diapositiva, sin detenerte. En el esfuerzo por construirlas ya te quedó bastante grabado todo, estamos viéndolas de forma superficial —recuerda que una vez en el escenario, tampoco verás mucho más, pues tu foco deberá ser la audiencia—. Las vas pasando una tras otra fijándote en la secuencia, su orden, su mensaje —recuerda que solo había uno por *slide*—. Ojea todo muy por encima.

*Ensaya una sola vez y no más el discurso completo*. Una vez cerrada y ojeada por encima, pasamos a nuestro ensayo. El típico de toda la vida que hacemos, pero va a ser solo uno y no más que uno. Solo lo vas a ensayar una única vez. Este es el principal error de todos, insisto: *sobreensayar*. Pero mentalízate que solo tienes un tiro, como cuando salgas al escenario donde no vas a poder repetir la sesión o rebobinar si algo no te gustó. Miento, tienes dos tiros. Este ensayando, el simulado, y mañana en el escenario ante tu audiencia, el real. Pero solo tendrás uno de ensayo y uno de real. Por tanto, pon todo tu foco y atención en cada uno de esos dos tiros. Y este ensayo único será así, sabiendo que no tendrás más. La oportunidad de revisar de qué va fue del paso anterior. Si no te sientes preparado para hacer este ensayo único, completa de verdad el paso 2, pues sería señal de que no lo cerraste bien. Será normal que en este primer y único ensayo salgan errores. No hay problema, pues afortunadamente tienes la bala real guardada. Los aparcas y los guardas al lado para revisar aparte en modo paso 2 —ojear— tras acabar el ensayo, con el objetivo de que en la bala 2 —la real, la de mañana— no se vuelvan a producir o te encuentres mejor preparado que en la bala 1 —la simulada, la del día de antes—. Repito, ensayas una sola vez y no más, y si salen errores, los aparcas.

*Si han salido errores, vuelve a ojearlos y reensáyalos.* Como hemos comentado en el paso anterior, si han salido errores o cosas que no te han gustado ensayando en esa bala 1 de 2 —cosa muy normal, no te espantes por ello, es lo lógico—, lo tendremos aparcado aparte. Ahora se trata de volver a ojear y *reensayar* esos errores, pero esta vez de manera aislada. Solo esos errores. Es decir, hacer como un mini paso 2 y mini paso 3 segmentado solo para las *slides* que te has marcado como que no te han gustado cómo las has ensayado o porque algo no te salió bien. Con foco en ellas. En la bala 2 —mañana, la bala real— no tendrás esa oportunidad, así que aprovéchala ahora. Ese esfuerzo especial de este paso donde erraste hará que precisamente esas diapositivas difíciles se conviertan en las más fáciles de todas. Confía en ello. Recuerda que solo vas a hacer esto para las pocas *slides* que te salieron mal en el paso anterior, repitiendo el paso 2 y 3 solo para ellas, es decir, volver a ojear y volver a ensayar, pero solo esas.

*Desconecta y descansa, y asegura dormir bien.* Y una vez completado el paso anterior de revisar los errores de tu bala 1, repliegas velas, cierras todo, desconectas, confías que tu preparación ha sido extrema y la mejor, descansas y te aseguras también dormir bien —estamos en el día de antes, el *día -1*—. Esto tiene que ver —recuerda— con tu producción y tu capacidad de producción —como vimos en el bloque anterior—. Queremos mañana producir de forma estelar, tenemos una capacidad de producción magistral, pero —como en el símil que vimos— queremos que nuestra vaca saque la mejor leche mañana. No queremos a una vaca exhausta, al borde del desmayo, casi muerta en el día más importante que es cuando tiene realmente que sacar la leche. Mañana toca producir bien, lo mejor, y eso requiere desconectar —no pensar, irte al cine, hacer deporte, olvidarte de la presentación por completo— para recargar pilas y asegurarte tu mejor estado físico y mental al día siguiente. Pero también requiere descansar, es decir, dormir —muchísima gente duerme poco porque sigue trabajando en su capacidad de producción, la presentación o la preparación y ensayo—. Y muy especialmente dormir bien. Los nervios del día de antes pueden transformarse en dificultad para coger el sueño —muy típico también—. Aunque te puedo asegurar que el hecho de haber cerrado todo, desconectado y evadido lejos de cualquier cosa que tenga que ver con tu presentación ayuda mucho a evitarlo. Si —porque ya te conoces— crees que tienes riesgo de no descansar bien por los nervios, usa ayuda externa —pastillas, que, si es tu caso, seguro que tendrás para ello—. Es preferible no hacerlo o no abusar, pero cada uno se conoce a sí mismo, y es mucho mejor tomárselo —si ya lo tenías diagnosticado y recetado por un profesional— y asegurarlo que no tomárselo y caer en el riesgo de producir cero. Ni lo dudes. Mañana tenemos que asegurar una producción máxima. Por tanto, recuérdalo bien: cierra el material por completo, apárcalo todo, desconecta, descansa y asegúrate un muy buen y reparador sueño.

Y todo esto de no *sobreensayar*, ¿por qué se hace realmente? Muy sencillo. La frescura, la naturalidad, la originalidad, la potencia, la empatía, el sentirlo ese que tienes cuando cuentas algo por primera vez, todo eso no tiene nada que ver con cuando lo has contado varias decenas de veces. Ese esfuerzo por pensar, recordar los datos y vivirlo que tienes la primera o segunda vez —recuerda, bala 1, simulada, bala 2, real— tiene mil veces más potencia así que ensayando en exceso. Si en tu primer ensayo —el simulado— tu potencia —claro, no tienes la adrenalina del público delante— es en una escala de 0 a 10 de 5, el día de autos en tu segundo ensayo —gracias a las fuertes emociones de tener a tu público delante— pasas a 10. Pero si ensayas varias veces, en cada ensayo vas bajando frescura a 4, a 3, a 2, a 1, llegando a casi 0. Y cuando sacas la bala real al día siguiente, no tiene pólvora ya.

*Sobreensayar* te resta naturalidad. No eres tú hablando como sacándolo de dentro, como en esa primera conversación de algo con alguien —porque contamos una historia a un amigo, recuerda—.

Eres un loro que simplemente repite en voz alta un texto aprendido de memoria. No te surge del corazón, te sale como un robot, con cero sentimientos, sin fuerza, sin emociones, cual loro de repetición. Tus ojos son vacíos, sin vida. Tu mente está centrada en recordar la lección que memorizó. No estás construyendo las frases correctas para la situación adecuada. Y, además, como algo cambie en el guion, estás muerto. Si de repente te acortan el tiempo, te piden que digas otra cosa o te rompen con una pregunta, dado que no te sale de dentro hacia fuera, sino que repites algo memorizado por haberlo ensayado decenas de veces, es como si te golpearan en el talón de Aquiles. Te tira al suelo. Obviamente eso no sucede físicamente, pero sí mentalmente.

Por tanto, como resumen a grabarnos —y arriba tienes los pasos recomendados para conseguirlo—, recuerda nuestra gran regla de oro para el día antes —el *día -1* como le llamamos—: no *sobreensayar*. Porque te va a asegurar el día de la presentación al subir al escenario sentir tu máxima potencia gracias a ese esfuerzo por recopilar y construir los mensajes que solo ensayaste una vez —tras sus revisiones parciales para los errores vistas en el proceso a cinco pasos comentado—. Necesitamos la mejor versión de ti, desde el corazón, con emociones, fuerza y mucha seguridad.

Por cierto, pongo *sobreensayar* en cursiva porque no es una palabra española reconocida por la RAE (Real Academia Española). Pero a veces adaptamos palabras —que curiosamente con el tiempo a menudo muchas acaban incorporándose en el diccionario— y consideré que esta tenía más sentido e impacto así para el título del apartado —luego ya durante el texto fui alternando—. Sonaba como más clara y directa que poner *ensayar en exceso*. Quizás esto sea más *marketing* —pienso que queda mejor así, cual anuncio publicitario, si queda mejor, ¿por qué no? —, pero también como ejemplo —como no me cansaré de repetir—. Esto es un libro, no es una presentación, sí, pero quiero predicar también con lo que quizás debamos hacer en presentaciones —en este caso, por qué no, adaptar muy excepcionalmente alguna palabra porque creamos que genera mejor impacto o solo porque nos gusta—.

Desde el principio del libro he hecho lo mismo con alguna palabra más, como *autoexplicativo*. Que no deja de ser otra composición entre un prefijo muy común y un verbo, sustantivo o adjetivo. A menudo son adaptaciones de palabras inglesas que, si no existe alternativa clara en español, acaban incorporándose. Mientras tanto, seremos correctos y las emplearemos en cursiva. Esto lo comento ahora porque salió al inicio del libro y no era momento para detalles así, los arranques deben ser con acción y directos —lo destaco como ejemplo también de cara a nuestras presentaciones—. Este pequeño matiz como comienzo de una película, donde buscamos enganchar, impactar, desear avanzar y ver más, no es lugar. Pero sí es bueno por en medio y nos ayudará también a tomar momentos de aire y respiro —como más adelante veremos cuando trabajemos los descansos cognitivos, como ya mencionamos—.

## Los últimos *insights*

En el bloque anterior vimos la importancia de los *insights* de cara a preparar la estructura de tu presentación. En este vamos a revisar de forma resumida lo que en *The Sales Matrix* definimos como *Preparación inteligente en 4 pasos*, que no deja de ser en cierto modo otra especie de *insights*, pero más orientados estos a la preparación de una reunión y a una presentación.

A menudo, las reuniones sufren de una preparación insuficiente, omitiendo la fase de planificación y saltando directamente a la ejecución —recuerda la separación entre planificar, construir y ejecutar que vimos—. La preparación no tiene por qué ser complicada. Con un poco de sentido común y unos mínimos esenciales se puede lograr una preparación inteligente en solo cinco minutos. Estos pasos son cruciales para sentirse involucrado y para que los demás perciban una gestión especial y nuestro liderazgo.

Cuando hablamos de reuniones, en mi caso personal lo suelo hacer cada tarde previa al día de la reunión si me da tiempo. Y si no me da, cada mañana antes de empezar la jornada, tratando de reservar cinco minutos por reunión. Y como explicaré más adelante, incluso a veces justo antes de tenerla. Eso ya dependerá de cada uno y del día que tengamos enfrente. Lo de los cinco minutos es aproximado, pueden ser diez o incluso menos de cinco, dependerá del caso y de cada persona. A mí con cinco me suelen bastar.

En el caso de presentaciones, yo no apuraría tanto como al mismo día. Puedes incorporarlo como parte de la rutina del día antes —*día -1*— o como parte también de su preparación inicial. Eso lo eliges tú. Pero sí quiero destacar la importancia de hacerlo. Especialmente porque no te va a ocupar mucho tiempo y por la tremenda diferencia que te va a suponer a ti en cuanto a seguridad, confianza, sensación de dirigir —personalizar, e *hiperpersonalizar*, como vimos— y de estar mucho más cómodo en tu sesión.

La *Preparación inteligente en 4 pasos* se compone de:

1. Perfil de la empresa.
2. Últimas noticias económicas.
3. Perfil de los asistentes.
4. Notas de las últimas reuniones.

Veamos a continuación cada uno de estos pasos.

*Perfil de la empresa.* Se trata tan solo de entrar en Wikipedia, en su página web o simplemente buscar en Internet para entender la empresa a muy alto nivel. A qué se dedica, dónde está ubicada, qué vende, cuál es su visión y misión, entre otros. Se trata de tener una idea muy general de la empresa. Cuánta gente asiste a reuniones sin tener ni idea ni siquiera de lo que ofrece al mercado, de si está en Asia o no, de cómo se estructura su accionariado, de qué quiere hacer de mayor. Son conceptos muy básicos y sencillos, pero que hacen que, sin darte cuenta, te sientas muy dentro de tu reunión. Porque te ayudan, mapeando lo que se dice durante la reunión, a entender y dirigirlo todo mucho mejor.

*Últimas noticias económicas.* Se trata simplemente de buscar en Internet el nombre de la empresa y filtrar por Noticias. O buscar dentro de un diario económico. El objetivo es tener una visión muy rápida de los titulares de las últimas noticias. Si ha sufrido un expediente de regulación de empleo reciente, si está a punto de invertir en Latinoamérica, si le acaban de multar por algo, si está buscando abrir una nueva unidad de negocio, si acaban de cambiar al CEO. Una vez más son muy pequeños detalles que te van a ayudar a marcar la diferencia dentro de tu reunión o presentación.

*Perfil de los asistentes.* Se trata de entrar en LinkedIn y buscar, si están ahí, el perfil de los que asisten. Cargos, puestos previos, estudios, ciudad natal, intereses, publicaciones, mensaje principal. También más allá de LinkedIn, por ejemplo, ver si está en Twitter. Qué publica, qué sigue, qué le gusta, cómo se anuncia, qué proyecta. Es tener un *insight* rápido de ellos que una vez más te va a ayudar a hacer magia dentro de tu reunión o presentación. Porque cualquier dato de esos puede ser un punto de enganche que permita cambiar el rumbo de esa sesión. Cualquier pequeño dato. Incluso darte cuenta de que hay algo que te une a ellos.

*Notas de las últimas reuniones.* Tan sencillo como buscar, al igual que hiciste para las noticias, pero con tus notas de reunión. Si eres 100 % digital y en la nube en tus anotaciones, más fácil lo tendrás. De manera muy rápida podrás traerte información, siguiendo un símil informático, desde tu disco duro (tus anotaciones, en mi caso en Google Docs) hacia tu memoria RAM (tu cabeza, tu mente, refrescar tus notas para tenerlas a mano). Datos clave recientes o pasados que una vez más pueden cambiar el rumbo de tu reunión o presentación. Dominar realmente, no solo aparentarlo. Controlar, gestionar y dirigir mejor todo. Esto te da otro poder increíble.

Con esta sencilla pero eficaz preparación a nivel de últimos *insights*, mañana —porque seguimos en el *día -1*— vas a tener una doble seguridad increíble. Doble, primero por tu gran preparación a nivel de estructura, PowerPoint —o no, recuerda que no siempre será necesario— y ensayo del día anterior. Pero segundo por esto, por la *Preparación inteligente en 4 pasos* final como guinda a tu seguridad, control y dirección de tu pastel que vas a crear mañana. Fíjate cómo estos pequeños y fáciles aspectos van a marcar una gran diferencia e impacto en relación con lo que la gran mayoría de los mortales hace. El día antes, estos se limitan a poner todo su foco en completar lo que para ellos pretende ser el mejor PowerPoint de su historia —aunque el precio de ello sea no dormir por poner todavía más diapositivas y con el máximo de datos posible—. Sin recordar ni tener presente que tú eres ese PowerPoint. Tú y toda tu preparación —mental y física—. Tu máximo equilibrio entre capacidad de producción y producción. Y lo de este apartado no deja de ser más que otro punto extra que sumar a tu capacidad de producción para conseguir mañana la mejor producción de ti.

Con esto hemos acabado el bloque 2 de «Construir (*build*)».

Seguimos...

# BLOQUE 3: Ejecutar (*run*)

# DÍA 0

Si dices la verdad, no tendrás que acordarte de nada

Y llegó el día. Estamos en el día de nuestra gran presentación. El *día 0* —como le hemos llamado en el título a este capítulo—. Y en los preámbulos de este día, no mucho que hacer ni contar. Porque en cierto modo seguimos como al final del día anterior, el *día -1*. Que no es otra cosa que seguir desconectados, con todo cerrado y bien preparado, confiando, tomando fuerzas, desayunado bien, arrancando nuestro día como uno más —pues no debe haber gran diferencia, recuerda que vamos a contar una historia a un amigo—. Solo vamos a ver dos pequeñas recomendaciones para estos momentos de arranque del día y previos a nuestra gran sesión.

## No reensayar

Sencillo. Lo mismo que ayer en el *día -1*. Dijimos en nuestra regla de oro de no *sobreensayar*. Pues al día siguiente obviamente no vamos a contradecir lo de ayer, seguimos sin darle más vueltas a nuestro tornillo. Nos mantenemos ahí, quietos. Nuestra bala de ayer ya salió —la de fogueo, la simulada— y hoy solo tenemos una más —la de verdad, la real—. Seguimos con el mismo plan ya cerrado de ayer y no reensayamos nada. Hoy relax, coger fuerzas, rutina estándar. Es solo un día más, solo que en el que debemos estar fuertes. Y bajo ningún concepto volvemos a ensayar. Pero sí puedes y recomiendo hacer lo siguiente —en cierto modo algo alineado con uno de los pasos de ayer en el punto 2 del ojeo—.

## Repasar los puntos clave

No vamos a reensayar, cierto, pero sí podemos revisar los puntos clave de tu presentación desde un muy alto nivel. Alejándote mucho del detalle. Como por vista de pájaro —hacia tu esquema, notas o PowerPoint si lo tienes—. Se trata simplemente de revisar los mensajes de cada *slide*. Solo los puntos clave, no el discurso completo. Ver de lejos cada diapositiva —como si no pudieras leer nada— y recordar para todas y cada una de ella cuál era ese mensaje que guardaba. Algo así como no más de cinco segundos por *slide*. Con los ojos como semicerrados para no leer nada. O teniéndolas en pantalla, o impresas, en vista de miniatura. Que tengamos muy claro cuál era el mensaje —recuerda que había uno solo por diapositiva—. Y así una tras otra hasta el final, de una sola pasada. No debería ocuparnos más de cinco minutos, en suma —dependiendo de la extensión de la presentación, claro, si hay muchas diapositivas, podrían ser diez minutos también—. Sin volver a ensayar, solo revisar de forma muy rápida cada mensaje. Nada más.

Si detectas errores recordando ese mensaje clave —cosa que es normal que suceda, no te asustes—, igual que hicimos ayer —en cierto modo esto es como el paso 3 de ayer de ensayar una sola vez, pero para solo los mensajes clave de cada *slide*—, los aparcas y luego —por ejemplo, en el coche de camino— los recuerdas para que se te queden mejor grabados esos errores —como en el paso 4 de ayer de volver a ojear, pero por mensaje clave solo—. Es decir, es lo mismo que hicimos ayer a nivel de ensayo, pero ahora a nivel de revisión de mensajes clave. Lo que ayer pudo ocuparte —según la extensión de tu presentación— una hora, hoy serán cinco minutos. No estamos ensayando, estamos revisando de lejos las claves.

Recuerda que todo esto vale con o sin PowerPoint. Si vas a hablar a capela, en tu preparación tendrás un esquema, notas o guion. Eso en cierto modo son como *slides*. Pues exactamente igual ahí.

## Llega 60 minutos antes

No hace falta que te diga nada respecto a la importancia de ser puntual, pero también de la de —dado que eres el protagonista— asegurar estar bastante tiempo antes. En el título he citado 60 minutos porque todo depende de la importancia y dimensión de la sesión. No es lo mismo una gran presentación a mil personas que una reunión pequeña más informal con media docena. Según sea su talla, llegarás más o menos tiempo antes. Pero llega antes. Si es algo muy grande, por lo menos una hora antes. Si es algo más informal y reducido, puedes hacerlo media hora antes. Y si es una reunión más en más *petit comité*, un cuarto de hora antes.

Esto lo hacemos por dos motivos. El primero, por evitar imprevistos —tráfico, problemas en el local, etc.—. Y el segundo, lo veremos a continuación —volveremos a encontrarnos con la palabra *insights*—. Vamos a ello.

## Reenfócate 100% en el lugar

Llegando algo antes nos va a permitir también esto. Enfocarnos en el lugar, hacernos con él, sentirlo nuestro. El auditorio, su gente, su olor, su clima, su *feng shui*. Obsérvalo todo, respíralo, siéntelo, aprende, alinéate con el sitio. Pregunta a la gente que haya llegado antes, a los organizadores, al personal. Busca algo del local o de su zona: anécdotas, noticias, porqués, historias, pasados. Sigue hurgando en esos tan valiosos *insights*. Cualquier cosa o dato por muy pequeño que sea puede marcar una gran diferencia. Pon todo tu foco ahora en el lugar. Reenfócate al 100% ahí, en donde estás.

Como nada es cerrado, si te preparaste una anécdota para empezar, es posible que descubras algo en el lugar de la sesión que te haga cambiarla. Si eso sucede, genial, hazlo. Cuanto más te acerques a donde y a quienes vas a dar tu discurso, mejor. En mi caso, creo que la mitad de las veces la anécdota de inicio me nace justo en este momento, así, respirando el lugar. Y una anécdota de arranque, si es cercana, tendrá mucho mejor impacto y enganche con tu audiencia. Y esto solo es posible llegando antes y reenfocándote 100% en el lugar. Démosle importancia pues.

Un pequeño apunte. Como ya estamos e iremos viendo, la planificación es muy necesaria, sí, pero nunca hay que dejar nada cerrado. Las cosas han de ser vivas, salirnos de dentro. Recordemos la regla base: «Estructúrala tal cual contarías esa historia a un amigo». La anécdota del inicio es muy importante, romper el hielo con tu audiencia, empezar a engancharla y hacerles desear ver más. Si decides poner una, esta estará ya planificada. Pero como ves, nada es cerrado, todo puede cambiar si lo consideras y es para mejor. De ahí la relativización del ensayo y no abusar de él. Y, como cuando estás con un amigo, una anécdota inicial puede salir tan fresca como porque acabas de vivir algo al llegar al local donde quedaste y cambiar tu guion de lo que ibas a decirle primero.

# EN EL ESCENARIO

> Habla para que la gente quiera escucharte. Escucha para que la gente quiera hablarte
>
> DALE CARNEGIE

Ya estamos en nuestro escenario. El momento cumbre. Ahora viene cuando tenemos que sacar la mejor versión de nosotros mismos, y tras la gran preparación previa de las etapas de planificar y construir, llega nuestra ejecución. Donde debemos, como se dice en inglés, dar nuestro mejor *performance* —en español, nuestra mejor actuación—. Porque esto es como una película, buscamos cautivar, intrigar, satisfacer, dar valor y hacer pasar un gran rato a nuestro público. Y trasladarles muy claramente nuestro gran mensaje principal. Y ha llegado el momento de ello.

En este capítulo tocaremos varias de las herramientas que ya vimos en *The Sales Matrix*, pero de manera mucho más resumida y enfocada a los puntos del tema que nos ocupa, las presentaciones y tener éxito con nuestra audiencia. Lo trabajaremos de forma muy breve. En caso de querer profundizar en alguna en cuestión, puedes revisarlo en el mencionado libro. De todos modos, lo que veremos aquí será suficiente para nuestro objetivo.

Vamos a revisar una treintena de conceptos realmente esenciales para nuestra actuación delante de nuestro gran público. Aspectos todos ellos —no me atrevería a destacar más ninguno que otro— muy fundamentales para ti. Tómalos como píldoras —cada una con un nombre y objetivo— cuya suma te van a aportar la maestría que te haga sentirte ahí arriba igual que Neo en *Matrix*, conocedor del código de la audiencia, *esquivando las balas*. Con una confianza extrema —gestionando emociones, las tuyas y las de los demás— a un nivel que para ti volver a hacer una presentación nunca va a ser lo mismo. Vamos a por ese código, tomemos estas píldoras una tras otra y traslada toda tu magia a tu audiencia.

## El sonido más importante

Ya estamos en nuestra sala de conferencias —o de reuniones, o donde vayas a presentar—. Y una vez en la sala, veremos personas. Tanto la audiencia que ha venido a escucharnos como el servicio de sala. Sea lo que fuere, son personas. Y te pregunto, ¿cuál es el sonido más importante según tú para cualquier persona? Piénsalo un poco. ¿Cuál puede ser? Como dijo Dale Carnegie en su obra *Cómo ganar amigos e influir sobre las personas,* de 1936, «Recuerda que, para cualquier persona, su nombre es el sonido más dulce e importante en cualquier idioma». Y así es, de todos los sonidos imaginables, escuchar nuestro nombre de la boca de alguien lo percibimos como la música más celestial posible. Puede resultar curioso,ególatra y mil cosas más. Pero es una realidad irrefutable. En 1936 de cuando lo citó Dale Carnegie, hoy lo es y mañana lo será también. Porque representa a nosotros, a nuestro yo, a lo que eligieron nuestros padres para dirigirse a nosotros y, por tanto, es celestial. Y ese sonido es importante recordarlo a medida que nos vayan citando estas personas sus nombres. Aunque sean centenas, te aseguro que es algo que sí se puede recordar.

Pero ¿por qué a menudo olvidamos los nombres de las personas justo después de que nos las presentan? La razón principal es que no estamos escuchando activamente. Estamos más preocupados por lo que diremos a continuación. Para recordar un nombre, primero debemos escucharlo con atención. Además, si no hacemos un esfuerzo consciente para recordar, el nombre se desvanece rápidamente de nuestra memoria. Comparo este proceso con el funcionamiento de un ordenador: escuchar es como la memoria RAM, que es volátil, y recordar es como guardar la información en el disco duro, donde se almacena de forma permanente. Para retener los nombres, necesitamos tanto escuchar activamente como hacer un esfuerzo deliberado para memorizarlos.

Por tanto, ¿qué necesitamos para acordarnos del sonido más importante de una persona? Dos cosas. No vale oír, eso es fácil. Debemos, primero, escuchar. Pero con la mente vacía, atenta, sin pensar en otra cosa ni preparar lo que vas a decir a continuación ni revisar qué vas a responder. Escuchar atentamente. Y segundo, generar ese esfuerzo especial que lo grabe en tu ser, que es el esfuerzo por recordar y repasar lo que escuchamos atentamente.

1. Escuchar, que no oír.
2. Recordar, repasar (hacia atrás).

En *The Sales Matrix* comparto una técnica infalible para conseguir retener y recordar los nombres, que de manera muy resumida se trata de lo siguiente. En el momento de la presentación, mientras estrecho la mano y miro a los ojos, busco asociar el nombre con alguien conocido o con algo significativo. Este esfuerzo consciente de asociación ayuda a recordar el nombre más adelante. Es un método que repito con cada nueva persona que conozco, asegurándome de repasar los nombres previos. Aunque es muy efectivo, advierto que hacerlo con muchos nombres puede parecer presuntuoso, así que recomiendo usarlo con discreción —la primera vez que la probé recordé como 30 nombres y reconozco que provocó un efecto extraño, hay que tener cuidado pues—.

## Ser un orador de valor

Como citó Jeff Bezos, fundador de Amazon, «Tu marca es lo que dicen de ti cuándo no estás presente». Y eso, obviamente, aplica también en tu marca como individuo. Tu marca personal es tu realidad, tu imagen ante los demás, tu sello. Es lo que los demás dicen de ti cuando tú no estás delante de ellos. Es lo que otras personas comentan sobre tu persona cuando tú has salido de la habitación. Debemos ser siempre marca y ejemplo. La gran pregunta que yo siempre me hago, como individuo o como organización, es la siguiente. ¿Comprarías el producto que estás diseñando? ¿Confiarías algo importante a tu organización? ¿Te gustaría que tu hijo se casara con alguien como tú? Resumiendo, quizás en una sola pregunta que englobaría todas: ¿te comprarías a ti mismo?

Ser una marca influyente significa ser un ejemplo y una inspiración para otros. Las decisiones de compra se basan en la admiración y la inspiración, guiadas por nuestras creencias y emociones más profundas. Liderar con el ejemplo es la forma más efectiva de influir. Nuestras acciones hablan más que nuestras palabras y reflejan nuestra verdadera identidad y valores. Como líderes, debemos ser el faro que guía a otros, sabiendo que nuestra conducta de hoy será el modelo que seguir para las generaciones futuras. Ser auténticos y coherentes con nuestros principios es lo que nos convierte en un verdadero referente. Y como oradores, eso es lo que debemos conseguir. Ser marca, ser ejemplo, ser de valor.

## Diferenciarte siendo tú

Como dijo la famosa diseñadora francesa Coco Chanel, «Para ser irremplazable, uno debe buscar siempre ser diferente». Y así es. El destacar nuestra singularidad es esencial para ser inolvidables. No se trata de buscar la perfección, sino de abrazar y celebrar nuestras diferencias. Al igual que un paraguas amarillo en un mar de paraguas negros, ser diferente nos hace notables. Debemos ser fieles a nosotros mismos y no reflejos de las expectativas sociales. La verdadera valía radica en nuestra autenticidad y en el coraje de vivir como originales, no como copias. Ser diferente es un regalo que debemos atesorar y expresar con orgullo. Ya lo dijo el cantante Kurt Cobain, «Os reís de mí por ser diferente. Yo me río de vosotros por ser todos iguales». Qué importante es tener ese valor de ser uno mismo y no el espejo social que nos marca la sociedad.

La clave para destacar, tanto personalmente como en grupo o empresa, es ser auténticos y diferentes. Esta diferenciación no solo nos da valor propio, sino que también nos distingue de la competencia. Un ejemplo es cómo un producto simple puede transformarse y aumentar su valor percibido a través del *marketing*, como una magdalena que se convierte en un *muffin* o *cupcake* con solo cambios en la presentación y añadidos. Esto demuestra que el valor no está solo en el precio, sino en la singularidad y la percepción de esa diferencia. Ser diferente es, por tanto, una estrategia poderosa para valorarnos y destacarnos. Como dijo el famoso diseñador web y conferenciante Jeffrey Zeldman, «No te preocupes por la gente que quiere robar o copiar tu trabajo. Preocúpate por el día en que dejen de hacerlo». La imitación puede ser una señal de éxito y debe motivarnos a seguir innovando y diferenciándonos. La verdadera excelencia y liderazgo provienen de escuchar y responder a las necesidades, manteniendo una personalidad única y especial. El éxito no se mide por el esfuerzo, sino por la capacidad de tener ideas originales y pasión. Ser auténtico y aprovechar nuestra individualidad nos lleva a descubrir y alimentar nuestra pasión, lo que nos diferencia y nos impulsa hacia el éxito.

## Hacerlo simple

En la regla N°9 hablamos de la simplicidad en nuestro PowerPoint como algo imprescindible. En el arte de hablar en público y realizar presentaciones, la simplicidad debe ser nuestra guía. Leonardo Da Vinci decía que «La simplicidad es la sofisticación definitiva». Y esto sirve también al comunicar ideas. Al reducir lo superfluo y enfocarnos en lo esencial, facilitamos la comprensión y retenemos la atención de la audiencia. Es el acto de destilar la esencia de nuestro mensaje lo que lo hace poderoso y memorable.

Steve Jobs y Bruce Lee compartían una filosofía común: la importancia de eliminar lo innecesario. En nuestras presentaciones, debemos aspirar a la claridad que caracterizaba al iPod de Apple, donde cada función era accesible con un mínimo de pasos. Este enfoque nos obliga a ser precisos y directos, eliminando cualquier elemento que no añada valor al mensaje que queremos transmitir. Debemos tender a la gran cita de Bruce Lee: «No es el aumento diario, sino la disminución diaria. Elimina lo que no es esencial». Atacar lo innecesario. Obsesionarnos por quitar, no por sumar.

Albert Einstein afirmaba que «Si no lo puedes explicar de forma sencilla, es que no lo has entendido bien». Y eso se ve mucho en reuniones y presentaciones —seguro que te suena: discursos infinitos que acaban transmitiendo ese «es que no sé del tema»—. Al preparar una presentación, debemos asegurarnos de que dominamos el asunto a tal punto que podamos explicarlo con la misma facilidad a un niño pequeño que a una persona mayor. La simplicidad en la comunicación es un reflejo de un profundo entendimiento del tema y una habilidad para conectar con la audiencia a todos los niveles. Simplificar no es solo una técnica, sino una manifestación de respeto y empatía hacia quienes nos están escuchando. Dándoles a entender que su tiempo también nos importa.

## La contraseña

Durante una reunión que no me interesaba —pero que por petición de un superior tuve que atender—, un participante mencionó su amistad con mi CEO, lo que inesperadamente captó mi atención y cambió mi actitud hacia la reunión. Este incidente me hizo reflexionar sobre cómo un simple comentario puede actuar como una *contraseña* que desbloquea nuestra atención y altera nuestra percepción —cual llave que abre una puerta—. Tal comentario puede ser un dato, una acción o un gesto que, si se alinea con los intereses del receptor, cambiará la dinámica de la interacción de manera significativa redirigiendo completamente su atención.

Un ejemplo de contraseña podría ser el compartir una experiencia relevante de un cliente —sin revelar su nombre, claro—, especialmente si está relacionada con su competencia. Otro ejemplo podría ser si sabes que esa persona es adicta a una afición muy especial y poco común y diera la casualidad de que tú también tuvieras la misma —¡qué gran contraseña sería esa! —. Difícil de encontrar y de coincidir, pero sería de mucha fuerza.

La preparación es crucial. Y, aunque no existen atajos para el éxito, con práctica se puede convertir en una habilidad natural y efectiva. Lo complicado será hallarla y la clave para ello será investigar a través de los ya comentados *insights*. Es posible que no exista una o que no seas capaz de encontrarla. No te obsesiones demasiado en conseguirla. Como siempre, no hagamos la parálisis por el análisis, las cosas han de ser sencillas y fáciles de sacar. Si quieres profundizar más en este concepto que aquí he resumido de forma muy breve, en *The Sales Matrix* lo desarrollamos algo más. Pero para el caso que nos ocupa, así es más que suficiente.

## El punto de enganche social

La programación neurolingüística (PNL) utiliza el concepto de *anclaje* para vincular estados mentales con estímulos físicos, permitiendo recrear emociones o sentimientos a voluntad. Por otro lado, la contraseña —como vimos en el apartado anterior— es un dato único que puede captar completamente la atención de un interlocutor y su descubrimiento se basa en *insights* detallados. La combinación de estos dos métodos puede crear un *punto de enganche social* en reuniones o presentaciones, elevando el valor de quien habla y asegurando una comunicación efectiva y profunda. Para poner en práctica esto, primero se debe identificar el estado emocional deseado, luego recrear un momento que evoque ese estado, buscar un estímulo físico reproducible y finalmente vincular ese estado al estímulo. Este proceso puede transformar la dinámica en las interacciones sociales, permitiendo a una persona conectar con su audiencia de manera significativa y memorable.

En la búsqueda de conexiones significativas, tanto en PNL como en *marketing*, se destaca la importancia de encontrar un *ancla* o contraseña que resuene con nuestro interlocutor. Si bien puede ser desafiante hallar ese punto de enganche perfecto, a menudo podemos encontrar algo en común que sirva para romper el hielo y establecer una conexión. Esto podría ser un conocido mutuo, una experiencia compartida o un interés común, que nos permita iniciar la conversación con una base sólida y elevar nuestro valor percibido. Es importante realizar una preparación inteligente y detallada para descubrir estos puntos de conexión. Si no se encuentran anclas significativas, se debe buscar algo común que pueda actuar como contraseña, facilitando así un punto de enganche social efectivo. Este enfoque puede ser particularmente valioso en presentaciones públicas, donde captar la atención y el interés de la audiencia es crucial. En *The Sales Matrix* una vez más trabajamos más activamente esta parte, pero, insisto de nuevo, para nuestro objetivo aquí, lo cubierto es ya suficiente. Más adelante volveremos a tocar también un poco más esto del ancla.

## La sonrisa constante

Sonreír es la segunda mejor cosa que puedes hacer con tus labios. La sonrisa es una herramienta poderosa en la comunicación y la presentación pública. No solo mejora tu estado de ánimo, sino que también puede transformar la atmósfera de una sala y la disposición de tu audiencia. Al sonreír, proyectas una imagen de confianza y accesibilidad, invitando a los demás a conectarse contigo.

Es un gesto universal que trasciende las barreras del idioma y la cultura, y puede ser el puente hacia una conexión más profunda con tu público. En tu sesión en la sala, lo mejor que puedes hacer es mantener una sonrisa constante.

El acto de sonreír tiene un impacto significativo en cómo reaccionamos ante las situaciones de la vida. Al elegir sonreír ante la adversidad, no solo mejoramos nuestra propia resiliencia, sino que también influimos positivamente en aquellos a nuestro alrededor. La sonrisa se convierte en una declaración de fortaleza y optimismo, mostrando que somos más grandes que nuestros problemas. Sonreír es un acto de generosidad y fuerza. Ofrecer una sonrisa, incluso cuando no se recibe una a cambio, es un regalo que enriquece tanto al dador como al receptor. En el contexto de las presentaciones públicas, una sonrisa genuina puede ser el regalo más valioso que puedes ofrecer a tu audiencia. Te invita a compartir alegría y positividad, creando un ambiente de apertura y conexión que puede transformar completamente tu mensaje y su recepción. Proyecta el «te invito a sonreír, yo pago». Porque, además, es gratis. Aprovéchalo y regala tu sonrisa a tu audiencia.

## Los pequeños detalles

En el contexto de las presentaciones y el hablar en público, los pequeños detalles como una sonrisa genuina —como vimos en el apartado anterior— y el uso de palabras corteses como «gracias» y «por favor» pueden tener un impacto significativo. Estos gestos, que no tienen costo alguno, pueden cambiar la dinámica de una presentación, creando un ambiente de apertura y colaboración. Un simple acto de bondad puede desencadenar una cadena de eventos positivos que mejoren la experiencia para todos los involucrados. La constancia en estos detalles, como mantener una sonrisa y expresar gratitud y cortesía, son habilidades blandas esenciales que todo orador debería cultivar. Estas prácticas no solo enriquecen la interacción con la audiencia, sino que también refuerzan el mensaje y la presencia del orador, inspirando confianza y empatía. Son elementos que, aunque invisibles, visten nuestras palabras y nos permiten liderar con el ejemplo, mostrando respeto y aprecio por nuestra audiencia.

La equidad en el trato a todos, sin importar su posición o estatus, es crucial en la comunicación efectiva. Al tratar a todos con igual respeto y amabilidad, demostramos integridad y autenticidad. En el ámbito de las presentaciones, esto se traduce en crear un espacio donde cada persona se sienta valorada y escuchada, lo que puede fomentar una mayor conexión y receptividad hacia nuestro mensaje. Al integrar estos pequeños pero poderosos detalles en nuestras presentaciones, no solo mejoramos nuestras habilidades como oradores, sino que también contribuimos a un entorno más positivo y empático, donde las ideas pueden ser compartidas y recibidas en un espíritu de colaboración y respeto mutuo.

## No negar los sentimientos

En el arte de hablar en público y conectar con la audiencia, resulta realmente crítico manejar adecuadamente las emociones y responder a ellas de manera empática. Un enfoque efectivo es el propuesto por Adele Faber y Elaine Mazlish en su libro llamado *Cómo hablar para que los niños escuchen y cómo escuchar para que los niños hablen*, de 1980, que, aunque se centra en la comunicación con niños, sus principios son aplicables a cualquier interacción humana. Ellas sugieren que, en lugar de negar o reaccionar defensivamente ante los sentimientos expresados, debemos escuchar activamente y validar esas emociones. Este enfoque se puede utilizar al manejar situaciones difíciles durante una presentación, como responder a preguntas complicadas o manejar interrupciones. En lugar de reaccionar impulsivamente, se recomienda reconocer los sentimientos de la audiencia y responder de manera que demuestre comprensión y respeto. Esto no solo calma las tensiones, sino que también fortalece la conexión con la audiencia.

La estructura propuesta por Faber y Mazlish para abordar los sentimientos se resume en cuatro pasos: escuchar atentamente, reconocer los sentimientos con palabras, nombrar el sentimiento y reconocer los deseos en la fantasía. Estos pasos pueden ayudar a los oradores a crear un ambiente de apertura y confianza, lo que es determinante de cara a una comunicación efectiva y persuasiva en público. Una vez más, en caso de querer profundizar más, el libro *The Sales Matrix* extiende el detalle a un nivel más completo.

## Las dos verdades

Nunca hay una sola visión de lo que sucede, nunca una sola verdad. Vemos las cosas como somos, no como son. Recuerda cuando hablamos de la perspectiva en el inicio de esta obra. Existe la diversidad de opiniones. Una misma realidad puede generar dos vistas muy diferentes. En el ámbito de las presentaciones y la oratoria, reconocer y respetar las diversas perspectivas es crucial. Cada individuo tiene su propia *verdad* basada en sus experiencias y creencias, y como oradores, nuestro objetivo no es confrontar sino conectar. Al aceptar y validar los sentimientos de nuestra audiencia, mostramos empatía, lo que facilita una comunicación más efectiva y un intercambio de ideas más enriquecedor.

Al abordar desacuerdos o quejas durante una presentación, es importante manejar la situación con tacto. Primero, reconocer la perspectiva del otro puede desactivar la tensión y abrir un espacio para el diálogo. Luego, en lugar de contraponer nuestras ideas con un «pero», podemos usar «y, además,» para añadir nuestra visión. Esta técnica no solo evita la confrontación, sino que también permite una suma de perspectivas, enriqueciendo la conversación y promoviendo la comprensión mutua. Al hablar en público, debemos esforzarnos por ser inclusivos y considerados con las diversas opiniones y sentimientos de nuestra audiencia. Al hacerlo, no solo mejoramos nuestras habilidades de presentación, sino que también fomentamos un ambiente de respeto y colaboración que puede llevar a resultados más positivos y memorables para todos.

De nuevo, este concepto también se profundiza más en *The Sales Matrix*. Insisto que con lo cubierto aquí es más que suficiente, pero lo destaco en caso de querer ahondar en más detalle.

## Escuchar para entender, no para responder

Escuchar no es lo mismo que oír. Oír y escuchar son dos cosas muy diferentes. El gran problema de la comunicación es que no escuchamos para comprender, sino que escuchamos para responder. A veces pienso que sería bueno que, en lugar de enseñarnos a hablar en varios idiomas, deberían primero de enseñarnos a escuchar por lo menos en uno. Como dijo Goethe, «Hablar es una necesidad, escuchar es un arte». Oír es importante, pero escuchar es imprescindible. Y no todos ni siempre escuchamos.

Tenemos dos oídos y una boca por algo. Debemos tratar de escuchar —que no oír— el doble de lo que hablamos, haciendo honor a tener el doble de capacidad orgánica de escucha que de habla. Debemos escuchar más y hablar menos. Escuchando aprendes, hablando no. Escuchando te enriqueces y creces, hablando pierdes oportunidad de ello. Callando es como se aprende a escuchar, escuchando es como se aprende a hablar, y luego hablando es como se aprende a callar. Escuchar es amar, es mostrar cariño, respeto y amor por el que habla. Ni siquiera te centres y desesperes en esperar a que te toque el turno para hablar, muy típico. Escucha de veras y tu oportunidad surgirá de forma automática.

La escucha desde el corazón distingue a los seres humanos de las máquinas, añadiendo un valor incalculable a la interacción humana. En un mundo cada vez más tecnológico, la habilidad de escuchar con empatía y comprensión se convierte en una competencia diferencial, esencial para comunicadores efectivos y líderes inspiradores. La escucha activa es una habilidad vital en el arte de las presentaciones. Implica una atención plena y consciente, centrada en el momento presente, captando no solo las palabras, sino también los matices no verbales que aportan profundidad al mensaje. La capacidad de escuchar activamente permite al orador sintonizar con su audiencia, adaptando su discurso y respondiendo de manera intuitiva a sus necesidades y reacciones.

No descuides tampoco lo que no se dice, estate muy atento al lenguaje corporal. Porque lo más importante de la comunicación es escuchar lo que no se dice. Incluso tu propia voz interior es importante. Aprender a escucharte a ti mismo y a tu propio cuerpo.

## Usar anclajes (PNL)

La Programación Neurolingüística (PNL) ofrece técnicas útiles para hablar en público y gestionar a la audiencia. A través del concepto de *anclaje* —ya lo adelantamos más atrás—, se puede aprender a evocar estados emocionales deseados, como la confianza o la calma, que son cruciales al presentar. Esta técnica se basa en asociar un estímulo físico con un estado emocional específico, permitiendo al orador recrear ese estado a voluntad. El anclaje se inspira en los experimentos del científico ruso Ivan Pavlov y se aplica en la PNL para vincular emociones positivas con elementos tangibles, como una pieza musical o un objeto visual. Por ejemplo, un orador puede escuchar una canción que le inspire confianza antes de una presentación para activar ese sentimiento. Si surge una situación tensa durante la presentación, el orador puede visualizar o recordar ese estímulo para recuperar la confianza.

Para usar el anclaje en las presentaciones, primero identifica un estado emocional que deseas alcanzar, luego recuerda un momento que te haga sentir así. Encuentra un estímulo físico que puedas reproducir fácilmente y asócialo con ese estado emocional. Con práctica, podrás invocar este estado a voluntad, mejorando tu capacidad para gestionar tu propia emoción y, por ende, la respuesta de la audiencia. Este es un campo muy profundo y no necesitamos ahondar demasiado, pero es importante que sepas de su existencia y poder de cara a tus presentaciones. Una vez más, si quieres saber más al respecto, te remito a *The Sales Matrix*.

## Ordenar 2, 7, 6, 5, ..., 1

Una forma que me gusta a mí de ordenar lo que más gancho pueda tener para la audiencia es la siguiente. Si 1 es lo más importante e impactante, y 7 lo que menos, y secuencialmente cuanto más alto sea el valor del número menos importante es —o sea, el orden de importancia sería 1, 2, 3, 4, 5, 6, 7—, recomiendo seguir este orden de salida de los datos en una presentación para tener a la audiencia más atenta y superando la expectativa de forma creciente, pero a la vez empezando ya con un dato que despierte el interés inicial.

- 1º: Importancia 2
- 2º: Importancia 7
- 3º: Importancia 6
- 4º: Importancia 5
- 5º: Importancia 4
- 6º: Importancia 3
- 7º: Importancia 1

## Secuencia de la presentación

En el fascinante mundo de las presentaciones y el habla en público, nuestro objetivo es cautivar a la audiencia, mantener su atención y lograr que tomen acción. Siguiendo un modelo estructurado, similar al proceso de atracción y seducción en las relaciones humanas, podemos crear un impacto duradero en nuestra audiencia. En *The Sales Matrix* dedicamos mucho tiempo a ello. Trataré aquí de resumir la parte más esencial para nosotros.

En el escenario vamos a estructurar el proceso en tres fases —la primera de ellas, la atracción, se divide a su vez en tres más—.

1. Atracción.
   a. Apertura.
   b. Interés del oyente.
   c. Interés al oyente.
2. Confort.
3. Seducción.

Deberemos respetar todas y cada una de esas etapas. No podremos saltarnos ninguna ni tampoco podremos cambiar su orden. En el apartado siguiente veremos la consecuencia de hacerlo. Quizás la apertura y el cierre sean las más importantes, cual pan de un bocadillo, deben cubrir su interior de manera perfecta. Pero debemos mantener bien arriba el resto del contenido también. Lo que hay dentro del pan debe ser muy jugoso de seguir. Como te podrás imaginar, debemos abrir ya destacando el mensaje principal y cerrar con él contundentemente, pero durante todo el desarrollo debe mantenerse siempre como hilo conductor. Veamos a continuación de forma muy breve cada una de estas etapas.

*Apertura.* Comencemos nuestra sesión con un gancho intrigante. Una anécdota, algo que abra la atención, que se sientan identificados, que lleve a la reflexión, que genere enganche a seguir, que mueran por ver lo siguiente. Se trata de romper el hielo. ¿Qué pregunta podemos plantear o qué historia podemos contar para captar la atención de la audiencia desde la primera palabra? Utilicemos abridores indirectos, como si estuviéramos abriendo una puerta hacia un mundo fascinante. El primer paso es atraer.

*Interés del oyente.* Una vez que tenemos la atención de la audiencia —cual puerta abierta, ya estando dentro—, mantengamos su interés. Proporcionemos información relevante, datos sorprendentes o anécdotas emocionantes. Hagamos que se sientan parte de la conversación. Conectemos con sus necesidades y deseos.

*Interés al oyente.* Devolvamos el interés que hemos recibido —cual recompensa—. Escuchemos a nuestro público, interactuemos con ellos y adaptemos nuestro enfoque según sus reacciones. La reciprocidad es clave: si demostramos que valoramos a nuestra audiencia, estarán más dispuestos a seguir escuchando.

*Confort.* Busquemos crear un ambiente donde la audiencia se sienta cómoda. Usemos un lenguaje claro y accesible. Miremos a sus ojos a través de las palabras. La confianza se construye cuando se sienten escuchados y comprendidos. Entablemos conversaciones. Abordemos sus preocupaciones y ofrezcámosles soluciones. Se trata de conseguir estar muy confortables, de *sentir casa*.

*Seducción.* Finalmente llegamos a lo mejor: el cierre. ¿Qué acción deseamos que nuestra audiencia tome? ¿Cómo podemos motivarles a utilizarla? Usemos técnicas de cierre: repasemos los puntos clave, invitémoslos a la práctica y deseémosles éxito en su camino hacia ello. Recordemos fuerte nuestro mensaje principal. Y busquemos un siguiente paso inmediato, una llamada a la acción —lo que en *The Sales Matrix* llamamos VNS (Very Next Step)—.

## Los errores de secuencia

En el proceso de conquistar a la audiencia durante una presentación o al hablar en público, debemos seguir un modelo estructurado que se asemeja a las fases de atracción, confort y seducción —de acuerdo con lo que vimos en el apartado anterior—. Estas etapas son críticas y deben respetarse en su orden si queremos asegurar que la comunicación sea efectiva. Veamos los posibles errores de secuencia que podemos cometer y su consecuencia.

*El amigo eterno.* Es cuando existe atracción y confort, pero te saltas la seducción. Imagina que estás frente a una audiencia. Has logrado atraer su atención con una apertura intrigante. Sin embargo, si no avanzas hacia la seducción, te quedarás como el amigo eterno. Es decir, no cerrarás ningún acuerdo. Aunque atraigas y generes confort, si no llegas a un compromiso con la audiencia —como una llamada a la acción—, no lograrás el impacto deseado.

*El mate del tonto.* Es cuando existe atracción y seducción, pero te has saltado el confort. Atraes bien, pero al pasar directamente al cierre sin crear un ambiente cómodo, es imposible que alguien firme un pacto contigo. Es como un golpe de nocaut.

*El escudo protector.* Es cuando vas directamente al confort, sin trabajar antes la atracción. Lo cual es un grave error. Si alguien no te conoce, no ha sentido tu valor ni ha mostrado interés, no aceptará entrar en una charla más personal. El cerrojo está cerrado.

## Proyectar un mensaje completo

En el contexto de las presentaciones en público, es importante buscar un equilibrio en todas las áreas de nuestra vida. Algo similar a como se requiere en un coche de Fórmula 1, bien equilibrado —ruedas, motor, equipo, piloto—, a la hora de competir. No basta con sobresalir en un solo aspecto —por ejemplo, solo en el motor—. Todas las partes deben funcionar en armonía para alcanzar el éxito deseado —tener el mejor motor con unas ruedas de juguete te llevará a quedar el último en tu carrera, necesitas todo en sintonía—. Esto se traduce en la necesidad de equilibrar nuestras habilidades y capacidades al presentarnos ante una audiencia.

Stephen Covey sugiere que el ser humano tiene cuatro dimensiones esenciales: mente, corazón, cuerpo y espíritu. Y cada una de ellas asociada a una inteligencia específica. Para ser efectivos al hablar en público, debemos desarrollar y equilibrar estas cuatro inteligencias. Esto nos permite presentar de manera integral, conectando con la audiencia no solo a nivel intelectual, sino también emocional, físico y espiritual. Las cuatro en armonía.

Al prepararnos para una presentación, es fundamental considerar estas cuatro áreas y buscar un equilibrio entre ellas. Fallar en una puede comprometer el resultado deseado. Por lo tanto, al igual que un piloto de Fórmula 1 se asegura de que todos los componentes de su vehículo estén en óptimas condiciones, un orador debe asegurarse de que todas las dimensiones de su ser estén preparadas y alineadas para lograr una presentación exitosa.

Una vez más, en *The Sales Matrix* desarrollamos con gran detalle este concepto, apoyándonos mucho en el modelo de Covey.

## No sin integridad

Warren Buffett, el célebre inversor y director ejecutivo de Berkshire Hathaway, es un modelo de las cuatro inteligencias: mental, emocional, física y espiritual. Su éxito no solo se mide por su riqueza, sino también por su integridad y principios humanos. Buffett valora tres cualidades en las personas: inteligencia, energía e integridad, siendo esta última la más crucial. Sin integridad, las otras cualidades pierden su valor. Es la más importante de todas.

Al hablar en público, estas cualidades se traducen en la capacidad de comunicar ideas (inteligencia), transmitir pasión (energía) y ganarse la confianza del público (integridad). Un orador debe ser inteligente para presentar contenido valioso y adaptar el discurso a la audiencia, enérgico para captar y mantener la atención con una presentación altamente dinámica, e íntegro para establecer una conexión auténtica con el oyente, honesta y transparente. Estos tres pilares son claves para conquistar y retener la atención de cualquier audiencia. Pero la integridad es la más suprema.

## Experiencias personales

Una de las formas más poderosas de comunicar con integridad es compartir experiencias personales que ilustren nuestro propósito, nuestros valores y nuestras creencias. Las experiencias personales nos permiten contar historias que conectan con la audiencia a nivel emocional, generando empatía y confianza. Las historias nos hacen más humanos, más cercanos y creíbles. No se trata de presumir o de exponer nuestra intimidad, sino de mostrar vulnerabilidad y autenticidad.

Las experiencias personales también nos ayudan a explicar el porqué de nuestras ideas, es decir, la razón que nos impulsa a hacer lo que hacemos, a defender lo que defendemos y a proponer lo que proponemos. El porqué es lo que nos diferencia de los demás, lo que nos da una identidad propia y una visión única. Al compartir nuestro porqué, invitamos a la audiencia a conocer nuestra esencia, nuestra motivación y nuestra pasión. El porqué es lo que nos convierte en líderes, en personas capaces de inspirar a otros.

Por último, las experiencias personales nos facilitan el uso de ejemplos concretos y relevantes para apoyar nuestras ideas. Los ejemplos nos permiten demostrar, no solo afirmar, lo que queremos transmitir. Los ejemplos nos dan credibilidad y autoridad, al mostrar que hablamos desde el conocimiento y la práctica. Los ejemplos también nos ayudan a simplificar conceptos complejos y a hacerlos más accesibles y comprensibles para el oyente. Los ejemplos son la mejor herramienta para enseñar y persuadir.

Un pequeño apunte. Simon Sinek desarrolla de manera ejemplar un concepto relacionado con eso que comentamos arriba del *porqué* y su importancia en todo en una de sus obras y luego también en una charla TED realmente memorable. Esto lo desarrollamos más a fondo en *The Sales Matrix*, pero para nuestro objetivo aquí no es necesario más —como dijimos—. De todos modos, más adelante en el apartado llamado «Inspirar acción» también lo mencionaremos. El trabajo de Sinek ahí es realmente magistral.

## La interacción

Entre los elementos esenciales de una buena presentación, la interacción con la audiencia ocupa un lugar destacado. No se trata solo de hablar, sino también de escuchar, de crear un diálogo que involucre a los asistentes y les haga sentir parte del proceso. La interacción tiene varios beneficios, tanto para el orador como para el oyente, que vamos a analizar a continuación.

En primer lugar, la interacción con la audiencia permite al orador adaptar su mensaje según las necesidades, intereses y reacciones de los asistentes. Al hacer preguntas, solicitar opiniones o *feedback* (en español, retroalimentación), o simplemente observar el lenguaje corporal y las expresiones faciales, el orador puede ajustar su tono, ritmo, vocabulario y contenido a lo que percibe de su público. De esta manera, se asegura que su presentación sea interesante, clara y atractiva para los que le escuchan.

En segundo lugar, la interacción con la audiencia fomenta la participación y el compromiso de los asistentes de manera activa. Al involucrarlos en la conversación, el orador los hace sentir más valorados, respetados y escuchados. Además, les estimula a pensar, reflexionar y cuestionar las ideas que se les presentan, lo que favorece el aprendizaje y la retención. La interacción también ayuda a crear un ambiente más relajado, distendido y divertido, que reduce la ansiedad y el aburrimiento.

En tercer lugar, la interacción con la audiencia refuerza la conexión y la confianza entre el orador y los asistentes. Al mostrar interés, empatía y apertura, el orador transmite que se preocupa por su oyente, que quiere conocerle mejor y que respeta sus puntos de vista. Esto genera una relación más cercana y auténtica, que facilita la atracción y la influencia. La interacción también permite al orador demostrar conocimiento, experiencia y credibilidad, al responder a las dudas, objeciones o comentarios de su público.

## El ego, bien lejos

Lo comentamos al inicio. El ego lo queremos bien lejos. Es un gran enemigo de todo y muy especialmente de la comunicación en cualquiera de sus niveles. No vamos a repetir lo que ya vimos —recuerda la anécdota de la «Reflexión previa»—. Pero sí quería citarlo y subrayarlo a título de recordatorio dada su altísima importancia ahora que estamos subidos en nuestro escenario. El ego es un gran enemigo de cara a tu audiencia. El éxito en las presentaciones no se mide por el ego, sino por la capacidad de inspirar y motivar a otros. Las habilidades blandas como la creatividad, la visión y la empatía son cruciales para el liderazgo efectivo y la comunicación. Al dejar de lado el ego, promovemos un ambiente de equidad y colaboración, donde la comunicación fluye y se fomenta un entorno de ganar-ganar, permitiendo que todos den lo mejor de sí mismos. Tu audiencia y tú, en sintonía, cual tándem.

En resumen, para ser un orador exitoso, cultiva la humildad y la generosidad, y tu mensaje resonará con más fuerza. Como dijimos más atrás, la integridad, sobre todo, pero el ego, bien lejos.

## Inspirar acción

En su charla TED *Cómo los grandes líderes inspiran la acción*, Simon Sinek introduce el concepto del *Círculo dorado*, que explica cómo líderes y organizaciones inspiradoras se diferencian de los demás. Este modelo se basa en tres preguntas fundamentales: ¿*por qué?*, ¿*cómo?*, y ¿*qué?* Y subraya que estas deben ser abordadas en ese orden específico para lograr una comunicación efectiva y motivadora. Vamos a ver ese orden a continuación.

El círculo dorado de Sinek sugiere que las organizaciones más exitosas y los líderes más influyentes comienzan con su *porqué*, es decir, su propósito, creencia o causa, antes de explicar *cómo* hacen lo que hacen y *qué* es lo que hacen. Esta aproximación contrasta con la de aquellos menos exitosos, que tienden a comenzar con el *qué* y rara vez llegan al *porqué*.

Siguiendo este enfoque a las presentaciones en público, los oradores pueden inspirar y conectar con su audiencia al comunicar claramente su propósito y pasión antes de entrar en detalles prácticos. Al enfocarse primero en el *porqué*, se establece una resonancia emocional con la audiencia, lo que puede llevar a una mayor influencia y un impacto más duradero. Inspirando acción.

De nuevo, este apartado se trabaja en mucha mayor profundidad en *The Sales Matrix* en caso de interesar entrar en mejor detalle.

## Repetir, repetir, repetir

Como citó Will Durant, «Somos lo que hacemos repetidamente. La excelencia, entonces, no es un acto, sino un hábito». Repetir, repetir y repetir. Fallar, fallar, fallar menos, fallar mejor. Repetir nos lleva a la excelencia, además. Y en una presentación —como comentamos más atrás cuando hablamos de «La estructura»— es imprescindible repetir, repetir y repetir. Repetir nuestro mensaje principal. Y no solo eso, cualquier mensaje secundario relevante que debamos destacar. Porque la audiencia, por mucho que estemos una o dos horas juntos, no se va a llevar todo. Queremos que se lleve aquello que nosotros elijamos —además de lo que ellos libremente también decidan quedarse, evidentemente—.

Y para ello tenemos principalmente dos armas. Una, el mensaje principal —dado que es nuestro hilo conductor a lo largo de toda la presentación—. Y otra, lo que decidamos repetir —de nuevo a lo largo de toda la sesión—. Obviamente nuestro mensaje principal además de hilo será una de esas repeticiones. Pero —y por eso resaltamos la importancia de ir holgados— debemos asegurar repetir, repetir y repetir lo más importante para nosotros y que queramos que se lleve de la sala nuestra audiencia. Esos mensajes secundarios —no todos— que esconderán nuestras *slides*. Y el arma que tenemos para ello no es otra que esta: la repetición.

Insisto, no podemos repetirlo todo. Debemos repetir solo lo realmente esencial. Si repites todo, no repites nada, redundas, es decir, aburres. Y eso no podemos permitírnoslo en una presentación.

Queremos que indirectamente —a través de sus subconscientes, recuerda lo de la razón y la intuición— la audiencia parezca que decide qué se lleva. Pero realmente les estás guiando tú. No me cansaré de repetir que este mundo es idéntico al del cine. En una película generalmente hay aprendizajes, reflexiones, mensajes. Y en toda película te llevas algo. Queremos que nuestra audiencia se lleve los mensajes clave que tu definas —además de cualquier otro aprendizaje o lectura que ellos personalmente identifiquen, pues cada persona es un mundo y cada uno también sacará los suyos, ya más personales, según el caso de cada individuo—.

## Relativizar las magnitudes

El otro día un cliente me dijo que se iba a jubilar y que se unía a una bodega que estaba produciendo 50.000 botellas al año. ¿Eso es mucho, es poco? ¿Cuánto es eso en general? Bueno, cogí la calculadora, dividí por 12 y por 30, y me dio casi 150. Ya es una magnitud que entiendo. Casi 150 botellas al día. Eso lo puedo imaginar. Pues lo mismo pasa en las presentaciones. Se dice, por ejemplo, para 200 millones de personas. ¿Eso es mucho, es poco? ¿Cuánto es eso en general? Pues equivale a cuatro veces la población de un país como España. O, por ejemplo, de 800 metros de largo. Igual, podemos relativizarlo como seis veces la Sagrada Familia de Barcelona —del célebre arquitecto Antoni Gaudí—.

Es decir, cuando una magnitud se escapa de la lógica de poder imaginarla, como lo que buscamos siempre es la simplicidad, que nos sigan bien el discurso y que se descanse cognitivamente el cerebro —para centrar su atención en nosotros, como PowerPoint que somos—, pongámoslo fácil a nuestro público. Y la manera más sencilla es relativizando esas magnitudes a través de medidas comparativas hacia cosas más terrenales y fáciles de palpar. Hablemos en otros términos de medida más llanos y cercanos. Que sea capaz la audiencia de podernos seguir bien. No compliquemos por querer hacernos los listos lo que podamos cambiar a algo fácil.

Recuerda lo que dijimos al principio, como si se lo contásemos a un amigo. Y recuerda cuando hablamos de la simplicidad, como si lo contaras a un niño. Es lo mismo. Hagámoslo fácil y relativicemos esas magnitudes complejas para hacerlas cognitivamente más tangibles y fáciles de seguir con símiles palpables y cercanos.

## Crear suspense

Como comentamos más atrás, Steve Jobs fue un maestro de la audiencia. Un verdadero mago de las presentaciones. Y del *marketing*. Lo tenía todo. Te animo a que busques por YouTube vídeos de él, especialmente los de sus lanzamientos de producto. Magia pura en acción. Pero quiero que te quedes especialmente con su capacidad para generar intriga de manera constante. De hacer que el oyente deba rellenar continuamente la secuencia que él creaba con la propia imaginación del oyente. Repetía a menudo por ejemplo su famoso «One more thing» —en español, «Una cosa más»— para enlazar con la siguiente *slide*, pero con suspense —lo veremos ahora—. El cine eso lo hace siempre, que el espectador tenga que imaginar siempre, adivinar, crear posibilidades de quién es el malo o del final de la película. Eso es la intriga. Y en una presentación es la mejor arma para mantener a tu audiencia despierta, interesada, pasándolo bien y entretenida. Que tenga —no me cansaré de repetirlo— la experiencia más similar al cine posible.

Vamos a poner un paréntesis con este párrafo para hacer un pequeño apunte y volvemos a nuestro hilo del apartado. Me atrevo ahora mismo a bautizar y acuñar un término de cara al arte de hablar en público, las presentaciones y la gestión de tu audiencia que voy a denominar MX, de las siglas en inglés *Movie-like Experience*. Lo mismo que existe la CX, de *Customer Experience* —o experiencia de cliente en español—, y la UX, de *User Experience* —o experiencia de usuario en español—, pues la MX, de *Movie-like Experience* —o experiencia de película—. Buscaremos la mejor MX posible en nuestras presentaciones. Y si una presentación tiene poca o mucha experiencia de película, diremos que tiene baja o alta MX. Buscando siempre maximizar nuestra MX.

Uno de los recursos que utilizó Steve Jobs para generar intriga en sus presentaciones fue el uso del *storytelling*. Jobs no se limitaba a enumerar las características y beneficios de sus productos, sino que contaba historias que conectaban con las emociones y las aspiraciones de su audiencia. Así, lograba captar su atención y despertar su curiosidad por lo que iba a revelar. Un ejemplo de esto es cuando en 2007 presentó el primer iPhone como un revolucionario dispositivo que combinaba tres funciones: un teléfono, un iPod y un navegador de Internet.

Otro recurso que empleó Jobs para crear suspense fue el de guardar lo mejor para el final. Jobs solía terminar sus presentaciones con una sorpresa que dejaba a su audiencia boquiabierta. Esta técnica se conoce como el efecto WOW. Volvemos al «One more thing» comentado más atrás. Jobs usaba esta frase también para anunciar un producto o una característica extra que superaba las expectativas de su público. Un ejemplo de esto es cuando en 2010 presentó el iPad y luego dijo que había una cosa más: el iPad también podía funcionar como un marco de fotos digital. Y así iba generando suspense —y rellenando, a través de la expectativa del propio oyente, las respuestas tras generarlo—. Creando ganas de ver la siguiente *slide*. Un maestro, un mago. Ves a YouTube como te comentaba y busca estas presentaciones. Es oro puro.

## Usar descansos cognitivos

El descanso cognitivo es un concepto importante para la salud mental y el bienestar general. Se refiere a darle un respiro a la mente, permitiendo que se recupere de periodos de actividad intensa. Esto puede incluir silenciar el pensamiento discursivo y desactivar la preocupación, lo cual es beneficioso para el funcionamiento del cerebro. El reposo cognitivo no solo implica descansar, sino también dejar que la mente divague o se desconecte. Pero cuidado, una cosa es un descanso cognitivo y otra aburrir y bajar la atención a lo que tienes delante, llámale película o presentación. Una cosa es el nivel de tensión mental requerida y otra muy distinta la desgana por pérdida de interés al contenido. La gracia en una película y en una presentación es respetar ambos conceptos: la tensión cognitiva y el interés. Veámoslo con un ejemplo.

En una película, si te fijas, la atención pretende siempre ser máxima —si no, te irías del cine—, pero la acción suele hacer cierto zigzag. Me explico mejor. Si dibujamos una gráfica donde el eje horizontal es el tiempo de la película o presentación y el eje vertical es el grado de algo medido de 1 a 5, tenemos dos variables a dibujar. Una, la atención —la intriga, el estar despierto, las ganas de ver más—, y otra, la acción —el movimiento, el *rock and roll*, la actividad cerebral alta—. La primera, la atención, debemos tenerla siempre al máximo, en 5. Como una línea recta arriba siempre. Lo que decíamos, no queremos que abandone la audiencia el cine, ni física ni mentalmente evadiéndose por desconexión. La segunda, la acción, debemos ir alternando 5 con 0, alta actividad con descansos. Como una curva senoidal subiendo y bajando constantemente —como cada 5 o 10 minutos—. No existen películas donde las dos horas estén de acción total (tiros, golpes, carreras). Si te fijas, se descansa, se pone algo de amor, se alterna ratos de paz con ratos de guerra, y así. No es bueno para la mente estar siempre al máximo, necesitamos descansar. Y eso lo conseguimos con anécdotas, preguntas, información menos vital, puntos de reflexión o cualquier cosa que se nos ocurra que nos permita bajar la guardia un poco. Para después volver a subir esa línea. Hacemos zigzag con la acción, pero manteniendo la atención siempre alta.

## Los nervios

En el libro *The Sales Matrix* dedicamos un capítulo entero al miedo. También trabajamos en otro capítulo el poner foco. Ambos aspectos son esenciales a la hora de gestionar mejor esta situación tan especial —y puede que nueva para ti si es la primera vez— que es estar subido a un escenario delante de una audiencia numerosa y altamente expectante de ti. Una situación que a quien no le genere cierto pánico y nervios, nos engaña. Como bien citó Mark Twain, «Hay dos tipos de oradores: los que están nerviosos y los que mienten». Es inevitable ese subidón de adrenalina, que para algunos se transforma en fuerza positiva —les potencia—, pero para otros, en lo contrario, fuerza negativa —les anula—. Muy probablemente la gran mayoría de los mortales se sientan más cercanos a lo segundo —la negativa—. Aunque cierto es que a medida que van cogiendo experiencia esa fuerza negativa va perdiendo fuelle —gracias a ganar confianza—. Pero la adrenalina siempre estará ahí. Es buena y necesaria. Nos da energía.

Curiosamente esos nervios no se ven, o casi. Especialmente quienes no te conocen. Es muy típico que tras alguien bajar de un escenario al acabar te diga: «Estaba temblando. ¡Qué nervios tenía!». Y tú sorprendido te dices —y le dices—: «Pero si estuviste genial». Y así es, seguro que te suena esto que te digo. Quiero decir con ello que los nervios no se ven, se sienten. Sí se ven solo para quienes te conocen mucho o si realmente tu nivel de nervios es enorme —cosa no muy habitual—. Lo normal es que no se sientan prácticamente, o solo al inicio —generalmente en menos de cinco minutos suelen desaparecer—. Y eso debes interiorizarlo como medida de ayuda para relajarte. Saber que o bien no se te nota nada o casi nada, o bien se desvanecerán en cuestión de minutos.

Al hablar en público, es crucial superar el miedo y alcanzar un estado de máxima concentración, lo que en *The Sales Matrix* llamamos *estar en la zona*. Esto implica eliminar las distracciones y enfocarse plenamente en la presentación. La suma de estos dos factores, la ausencia de miedo y la presencia total en el momento nos permite desplegar todo nuestro potencial y comunicar con eficacia. El miedo te hace pequeño, conseguir estar en la zona te hace grande. Uno te resta, otro te suma. Uno te divide, otro te multiplica. La suma de ambos factores, quitar el miedo y potenciar estar en la zona, te lleva, sin duda, a sacar lo máximo de ti.

Para sentirnos seguros y enfocados durante presentaciones importantes podemos utilizar lo que en *The Sales Matrix* llamamos *Técnica de la atención dividida*, que, como bien dice su nombre, busca dividir nuestra atención. Aunque pueda sonar a un atajo, esta práctica se basa en la inteligencia y el esfuerzo combinados. Consiste en centrar el 80% de nuestra atención en el contenido de la presentación y el 20% restante en un elemento físico presente, como un objeto o nuestra respiración. Esta división de atención nos ayuda a mantenernos centrados y a alejar los miedos.

Otra recomendación para superar miedo y poner foco que comentamos en el libro *The Sales Matrix* es lo que llamamos ahí *Técnica «No think»*, donde buscamos enfocarnos en el momento presente y eliminar cualquier distracción pasada o futura. Al haber dividido nuestra tarea de la presentación en tres bloques —planificar, construir, ejecutar—, nos centramos la atención en la fase actual, ya sea estructurando el contenido (planificar), preparando la entrega (construir) o realizando la presentación (ejecutar). Y si ahora estamos en el escenario en la tarea de ejecutar, nuestro foco único y máximo será ese, presentar. Esta técnica ayuda a los oradores a vaciar su mente de preocupaciones pasadas y futuras, permitiendo una comunicación clara y efectiva con la audiencia, y es especialmente valiosa en situaciones de alta presión donde la claridad mental y la concentración son clave para el éxito.

En cualquier situación significativa, como una reunión o una llamada crítica, sentirnos bien y centrados puede marcar una gran diferencia en el resultado. Y en una presentación delante de decenas o centenas de personas, más todavía. La *Técnica de la atención dividida* y la *Técnica «No think»* —entre otras muchas que, seguro que existen, aunque estas dos a mí me funcionan de maravilla— buscan asegurar ese enfoque poderoso hacia nuestro objetivo, permitiéndonos sentir la situación con claridad y seguridad, como si fuéramos capaces de *esquivar las balas* de la vida del mismo modo que lo hacía Neo en la gran película *Matrix*.

## El foco en nuestro instante

Si comparamos en inglés *mind full* con *mindful*, la primera significa *mente llena* y la segunda *consciente de*. ¡Qué gran diferencia! De ahí el concepto tan de moda, pero tan importante, del *mindfulness*. El *mindfulness* —también llamado atención o conciencia plenas— consiste en estar atento de manera intencional a lo que hacemos, sin juzgar, apegarse o rechazar en alguna forma nuestra experiencia. Consiste en prestar atención desapasionada a los pensamientos, las emociones, las sensaciones corporales y al ambiente circundante, sin juzgar si son los adecuados o no. La atención se enfoca en lo que se percibe, sin preocuparse por los problemas, por sus causas y consecuencias, ni en buscar soluciones. Como citó William James, «La mejor arma contra el estrés es nuestra capacidad para elegir un pensamiento sobre otro».

La depresión es exceso de pasado, la ansiedad es exceso de futuro. Si estás deprimido, estás viviendo en el pasado. Si estás ansioso, estás viviendo en el futuro. Para estar en paz, por tanto, debes vivir el presente. Fíjate en los niños. Estos tienen la capacidad de, tras enfadarse entre ellos, olvidarse de todo lo sucedido y volver a jugar juntos como si nada hubiera pasado. Porque para ellos es más importante su felicidad que su ego u orgullo. Para un niño solo existe presente. Los niños no tienen pasado ni futuro y esa es la razón por la que gozan del presente. Y eso muy rara vez nos ocurre a nosotros. Los niños son tremendamente felices, todos. Su capacidad de sobrellevar los problemas y preocupaciones es increíble. Debemos aprender de ellos. De hecho, el niño siempre lo llevamos dentro, solo lo disfrazamos. Las personas no cambian, solo se maquillan, fingen. Porque lo impone, quizás, el ser adulto. Debemos recuperar nuestro niño interior. Porque sigue ahí.

Y como niños, tal como defendía la *Técnica «No think»* del apartado anterior que nos ayudaba a olvidarnos de nuestros nervios ante la audiencia, conscientes de que el pasado —«no he podido acabar bien las *slides*»— genera depresión y que el futuro —«qué enfado va a coger mi jefe»— genera ansiedad, haz como dicta esa técnica, olvida el pasado y el futuro, y pon tu foco solo en el presente. Tienes que aprender a que te importe nada el ayer y te preocupe cero el mañana, tan solo enfócate en el aquí y el ahora. Porque el mejor momento es *ahora* y el mejor lugar es *aquí*. El futuro nos tortura y el pasado nos encadena, he aquí por qué se nos escapa el presente. Si vas a pensar en algo, que sea el futuro. Si te vas a ocupar de algo, que sea el presente. Si te vas a olvidar de algo, que sea el pasado. Si estás en paz, estás viviendo en el presente. El presente es un regalo, curioso, quizás por eso se llame presente. Debes enfocarte en el aquí y el ahora. Has de poner foco en este preciso instante y volcarte de lleno con tu audiencia.

## El reloj

Qué importante es el reloj. Y no me refiero a estar mirándolo, sino a controlar los tiempos. Hablamos más atrás cuando trabajamos «La estructura» de la importancia de la holgura, de ir sin prisas, de no tener que correr. Uno de los principales enemigos de las presentaciones es gestionar mal el tiempo. Y por muy bien que preparemos todo, pueden surgir imprevistos, contratiempos, giros de última hora. Y debemos estar preparados para ello con el único objetivo de evitar esa sensación tan horrorosa que es ver a alguien en el escenario corriendo porque no va a llegar a su última *slide*. Muy típico, ¿verdad?

En *The Sales Matrix* hablamos durante los capítulos dedicados a la complejidad y a las reuniones de la importancia de lo mismo. Dedicamos varios apartados a ello —*La regla del 30%, La regla del 70%*, entre otros.—. En todos ellos subrayábamos lo de la holgura. Pero insisto, no solo debemos atenderlo desde el punto de vista de la preparación para poder estar ante la audiencia sin prisas, sin correr, y con tiempo para interrupciones y preguntas. También pueden surgir sorpresas en mitad del acto y debemos tener la capacidad de reaccionar ahí. Lo vimos también cuando hablamos de la complejidad —recuerda el símil de lavar el coche— y lo importante de *Nivelarse para controlar*. Porque eso es lo que haremos si surge ese imprevisto, volver a nivelarnos para volver a ser dueños de nuestro reloj y seguir manteniendo los tiempos planificados durante la preparación. Lo veremos todo ahora.

Vamos a separar el control del tiempo de la preparación del de la gestión de contratiempos o giros de última hora. Para lo primero lo haremos con el ejemplo de un viaje. Imaginemos que son las 10 de la mañana y estamos en un punto A, que dista de otro punto B por 100 kilómetros, y que queremos estar en ese punto B a las 11 de la mañana —o sea, una hora más tarde—. ¿A qué velocidad tenemos que ir para llegar al destino en hora? Fácil, a 100 kilómetros por hora. Pero ¿y si queremos ir con holgura para dar tiempo a parar para un café o contratiempos? Si definimos holgura en 10 minutos, para llegar en 50 minutos deberemos ir a 120 kilómetros por hora (100 kilómetros / 50 minutos x 60 minutos / 1 hora) — hemos reservado 10 minutos para ese café o cualquier imprevisto—. Y con eso hemos planificado el viaje de manera que nos sentimos tranquilos y confiados. Y, lo más importante, ¿cómo sabré yo que durante el viaje voy bien de tiempo o mal por si tengo que acelerar o decelerar —no tenemos GPS ni navegador, el símil es para compararlo con un escenario en una presentación—? Fácil, viendo la velocidad media crucero a la que voy o fijándome en los kilómetros que llevo comparados con el tiempo. Y así durante el viaje seguiré tranquilo y confiado. Tengo el control.

Pues con una presentación es exactamente lo mismo —de ahí lo de no poner GPS en el ejemplo—. Nada cambia. No deja de ser otro viaje. Pero con otro nombre para una de nuestras dos variables. El tiempo será igual, pero los kilómetros serán el número de *slides*. Y para ello nos podría ayudar poner un pequeño número de página en el pie de la diapositiva —o no, si ya conocemos bien nuestra presentación—. Yo prefiero no ponerlo y que sea mental —calculado antes bien—. Pero si lo ponemos, deberá ser muy pequeño, imperceptible, sin contraste y nunca citando el número total —pues eso sería hacer *spoiler*—. Eso lo haces a tu gusto.

Entonces, si por ejemplo hemos creado una presentación de 200 diapositivas —no te asustes, recuerda que el número de *slides* no era lo importante, sino el tiempo y el número de objetos— y tenemos 60 minutos de tiempo, queriendo dejar 10 minutos para preguntas y reservamos 10 minutos para interrupciones posibles —me quedan 40 minutos netos—, eso nos lleva a 12 segundos por *slide* (40 minutos / 200 diapositivas x 60 segundos / 1 minuto). Esa será nuestra velocidad crucero correcta. Y una vez conocida, si sabemos que tenemos por ejemplo cuatro bloques de 50 *slides* por bloque, para tener mejor control del viaje, sabemos que debemos cumplir cada bloque en 10 minutos. Así pues, si empezamos el bloque 3 en el minuto 18, sabremos que vamos muy rápidos y podríamos bajar la velocidad. Si lo empezamos en el minuto 22, será al revés y deberíamos aumentar algo la velocidad crucero. Y así. Tenemos indicadores para tener el completo control de todo, asegurar la holgura, los tiempos y nuestra velocidad de rumbo.

## Los contratiempos

Pero ¿qué sucede si hay imprevistos o cambios en el guion? Ejemplos de ello podrían ser: no hay preguntas, empezamos más tarde, preguntan demasiado o nos han acortado el tiempo previsto. Si es para mejorar la holgura, poco te voy a decir que no imagines —reduce la velocidad crucero, amplía o desarrolla más algún mensaje que percibes como que interesa más, dedica más tiempo a responder las preguntas, etc.—. Pero si es para empeorar, regla básica: nunca corras, nunca aceleres más de lo correcto, siempre mantén la holgura. ¿Y cómo se hace esto? Fácil. Te comes *slides*, te saltas las no relevantes, eliminas un bloque si lo consideras. Me da igual. Pero nunca, nunca, nunca corras. Aunque te pueda parecer que no, te aseguro que como la audiencia no sabe qué tenías preparado, no se va a percatar. No sabrá que has corrido en una diapositiva, que te has saltado otras, que no hiciste aquel bloque por el motivo que sea, etc. Lo principal es que —volvemos a recordarlo— tú eres la presentación, tú eres el PowerPoint, y no las *slides* o el número de *slides* que de antemano preparaste. La audiencia nunca debe vivir una experiencia de su orador corriendo, nervioso por acabar, con la sensación de que no llega, hablando rápido como si se le escapara un tren, sin pararse en ese tan importante final o sin espacio para preguntas ni reflexiones. ¿Te imaginas en el cine eso? Como tú eres el PowerPoint, tranquilo, tú sí eres flexible —y no las *slides*—. Así que eso no sucederá.

Porque recuerda, la dirección es más importante que la velocidad. De nada sirve correr si no sabes adónde vas. Tu foco, tu prioridad, tu mente debe estar metida de lleno en la dirección. En adónde vas. Embriagado por completo con tu audiencia. Disfrutándolo todo. Con sentido de ser el capitán de ese barco, porque tú definiste la hora de salida y la de llegada, así como la velocidad crucero. Y no vas a permitir que nada impacte en tu viaje. ¿Sabes por qué el Titanic se hundió? Todos los tripulantes ejecutaron a rajatabla los manuales, nadie cometió ningún error. Entonces, ¿por qué se hundió y qué debieron cambiar para evitarlo? Permíteme contarte esta pequeña anécdota y volvemos al punto.

En ese tiempo récord donde tuvieron que elegir la estrategia, se descuidaron —por correr, posiblemente, por no pararse a pensar y centrarse más en la dirección que en la velocidad— que el Titanic era inhundible. Y según se especula —y aunque es solo una conjetura, y es fácil opinar mirando hacia atrás, vamos a apoyarnos en esa hipótesis no confirmada como reflexión para nuestro caso—, el fallo estuvo en intentar esquivar el iceberg. Si hubieran —conscientes de esa gran diferencia de ser inhundible— buscado chocar de frente, se hubieran salvado. Pero la mente humana con la formación tradicional y el querer correr porque se chocaban los llevó a no pensarlo. Normal, me hubiera sucedido igual muy posiblemente. Era una decisión muy arriesgada de tomar por cualquiera y más sin tiempo. Pero este es un ejemplo de pararte a pensar y centrarte en la dirección. A menudo salirse de los cánones y prejuicios de lo que nos enseñaron —pensar más fuera de la caja— nos llevan a salvar la vida, o, en nuestro caso, nuestra presentación. Lo mismo que dijimos con el concepto erróneo —bajo mi punto de vista personal, recuerdo lo de la perspectiva— de que el número de *slides* de una presentación no es lo importante, para el Titanic chocar de frente no era importante. Pero a menudo es muy difícil, y más en situaciones de tensión como esa, caer en ello, o atreverse a hacer lo que bajo circunstancias normales es erróneo.

En esto del Titanic he querido hacer foco solo en un punto, el que me venía mejor para el ejemplo. Pero el hundimiento del Titanic fue el resultado de una serie de factores desafortunados, incluyendo la alta velocidad a la que viajaba a pesar de las advertencias de hielo, un giro fatal en el momento equivocado —lo comentado—, y su diseño, que no permitía que se mantuviera a flote con más de cuatro compartimentos inundados. La noche del 14 de abril de 1912 el Titanic chocó con un iceberg, lo que causó daños en al menos cinco de sus dieciséis compartimentos estancos. Aunque se ha especulado que, si el Titanic hubiera chocado de frente con el iceberg en lugar de intentar esquivarlo, podría haber sobrevivido, la realidad es que la combinación de circunstancias condujo a una de las mayores tragedias marítimas de la historia. Y muy seguramente esa especulación tampoco sea muy cierta. Pero corre como historia por ahí dando mucho que hablar. Los que realmente saben de esto quizás puedan opinar, yo no.

Dejemos la anécdota del Titanic y volvamos al punto. Es decir, ante un contratiempo, si ponemos en una báscula dos elementos —por simplificarlo mucho—, que serían, el primero, cubrir todas y cada una de las *slides* —esto en un bando—, y, el segundo, trasladar el hilo conductor completo extremo a extremo de nuestro mensaje principal —esto en el otro bando—, el peso ganador se lo lleva el segundo. Cubrir todas las diapositivas nunca será nuestro fin, ellas eran un medio. Nuestro objetivo es llenar las mentes de nuestra audiencia al completo con nuestro mensaje principal y todos los mensajes secundarios de apoyo —objetos— que definimos por debajo del mismo. Tener tiempo con holgura para la parte más importante de nuestra presentación —después del inicio y repetir nuestro mensaje principal— que es el final. Hacerlo impactante. Con preguntas y reflexiones. No queremos estrellarnos. Queremos saborear la experiencia, sentir esa MX —de *Movie-like Experience*, como vimos más atrás, una experiencia de película—.

Recuerdo, y nunca me cansaré de ello, que tú eres la presentación. Tú eres el PowerPoint. Y como te habrás dado cuenta desde el principio, ese es mi mensaje principal de mí para ti. Apoyado y avalado por las cerca de doscientas páginas de esta obra —unas con mensajes más esenciales que otros, otros más repetidos que unos, etc.—. Aunque este sea un documento *autoexplicativo* porque yo no estoy delante para poder contártelo en persona —no puedo ser yo el PowerPoint—, sí quiero dar algo de ejemplo.

## La puesta en escena

En el escenario debemos cuidar la forma en que nos expresamos ante el público. La comunicación no verbal es tan importante o más que la verbal, ya que transmite nuestra actitud, confianza, credibilidad y empatía. Y en cierto modo no deja de ser otra arma más para aportar contraste —como vimos en el bloque anterior en la regla Nº6—. Vamos a revisar algunos consejos sobre la puesta en escena y cómo usar nuestro cuerpo, nuestra voz y nuestro espacio para causar el mejor impacto en nuestra audiencia.

El primer aspecto para tener en cuenta es la postura. Debemos adoptar una posición erguida, equilibrada y relajada, que nos permita respirar con facilidad y movernos con naturalidad. Evitemos encorvarnos, cruzarnos de brazos, meter las manos en los bolsillos o apoyarnos en algo. Estas posturas pueden transmitir inseguridad, nerviosismo, aburrimiento o falta de interés. Al contrario, si mantenemos una postura abierta, con los hombros hacia atrás y el pecho hacia delante, proyectaremos confianza, energía y entusiasmo. Un buen ejemplo de esto es Steve Jobs, que solía dar sus presentaciones en una postura claramente firme y dinámica, que le concedía autoridad y carisma ante su audiencia. Steve —como no nos cansamos de repetir— es un verdadero maestro de la puesta en escena en general. E insistimos que merece mucho la pena buscar vídeos suyos en YouTube para disfrutar de ello.

El segundo aspecto es el movimiento. Es bueno moverse por el escenario, sí, pero siempre que sea con un propósito y sin exagerar. El movimiento nos ayuda a captar la atención del público, a romper la monotonía y a enfatizar los puntos clave. Sin embargo, si nos movemos demasiado, podemos distraer, marear o transmitir ansiedad. Lo ideal es hacerlo de forma pausada, controlada y coordinada con lo que decimos. Por ejemplo, podemos acercarnos al público cuando queramos involucrarlos más, o alejarnos cuando queramos mostrar una imagen o un gráfico. También podemos cambiar de posición cuando pasemos de un tema a otro, o usar el gesto de señalar para dirigir la mirada de la audiencia. Al final es puro sentido común y lógica, hay que hacerlo sencillo —recuerda nuestra regla base: tal cual contarías esa historia a un amigo—. Un maestro del movimiento escénico fue Martin Luther King, quien usaba su espacio de forma altamente estratégica para potenciar su mensaje y conectar mejor con el público.

El tercer aspecto es el contacto visual. Mirar a los ojos a nuestra audiencia es fundamental para generar confianza, credibilidad y cercanía. Cuando miramos a alguien a los ojos, le estamos diciendo que nos importa, que le prestamos atención y que queremos la suya también. Además, el contacto visual nos ayuda a percibir las reacciones del público, a adaptarnos a su nivel de interés y a establecer un vínculo emocional. Para lograr un buen contacto visual, debemos mirar a todas las partes de la sala, sin fijarnos solo en una persona o en un grupo. También debemos evitar mirar al suelo, al techo, a las paredes o a nuestra presentación. Un ejemplo de alguien que dominaba el arte del contacto visual es Nelson Mandela, cuya presencia y mirada transmitían su pasión y convicción, inspirando a millones de personas en todo el mundo. Su habilidad para conectar visualmente con cada persona le ayudó a construir puentes de entendimiento y a fomentar la reconciliación en momentos críticos para la historia.

El cuarto y último aspecto es la expresión facial. Nuestra cara es el reflejo de nuestras emociones, y por eso debemos cuidar lo que expresamos con ella. Si tenemos una expresión seria, tensa o aburrida, podemos contagiar esos sentimientos a nuestra audiencia. En cambio, si tenemos una expresión alegre, relajada y animada, podemos generar una atmósfera positiva y receptiva. Una de las expresiones faciales más importantes es la sonrisa —como vimos más atrás en «La sonrisa constante»—, que nos ayuda a mostrar simpatía, confianza y entusiasmo. No se trata de sonreír todo el tiempo, sino de hacerlo en los momentos adecuados, como al inicio, al final, al contar una anécdota o al hacer una broma. Un ejemplo de ello fue Albert Einstein, que solía sonreír con naturalidad y transmitir su curiosidad y fascinación por la ciencia.

Volvemos al contraste que comentamos al inicio de este apartado. Fíjate. En el bloque anterior vimos que podíamos contrastar en el mismo PowerPoint visualmente gracias a armas como el tamaño de letra o el color de fondo, o incluso con nosotros mismos con nuestro tono de voz. Pero en la misma puesta en escena con nuestro propio lenguaje corporal podemos contrastar también gracias a otras armas como nuestra postura, nuestro movimiento, el contacto visual o nuestra expresión facial. La puesta en escena, pues, no deja de ser otra forma más de aportar contraste y foco. Y dado que nosotros somos el PowerPoint, esta tendrá doble valor.

Y con esto hemos concluido el bloque 3 de «Ejecutar (*run*)».

Vamos ahora al cierre...

# BLOQUE 4: Conclusión

> El secreto de un buen discurso es tener un buen comienzo, y un buen final, y luego tratar de que ambos estén lo más cerca posible
>
> GEORGE BURNS

Agradecerte de corazón tu tiempo conmigo durante tu lectura y el haber confiado en esta obra. Espero que te haya servido de ayuda para tus metas con este mundo tan especial y apasionante que es el de contar historias, levantar presentaciones y crear valor para la audiencia. Me encantará verte de nuevo con el resto de la saga si no lo has hecho ya. Y te esperaré en mi siguiente aventura, serán varias y todas tienen ya nombre. Mi cabeza no para de pensar y todo va a ser publicado. Pero ya será fuera del programa Matrix.

## Volvamos al principio

Cuando empezamos esta aventura juntos, compartí contigo una anécdota inicial en la «Nota personal». Recuerda lo de que en aquel curso me atreví, teniendo tan solo cinco minutos para finalizar un ejercicio —cuando para el resto era una hora, y aun así hubo quejas por falta de tiempo—, a hacerlo, y resultó ser el más fresco, con historia y natural de todos —con aquel mar de aplausos recibido al acabar—. Como comentamos al inicio del libro, eso podría sonar arrogante, lo sé, y más especialmente porque además me sobró un minuto. Pero como adelantamos ahí, no fue por listo, tenía cierta explicación y de eso iba este libro. Si miramos atrás en todo lo aprendido aquí juntos, podemos imaginar cosas ya como respuesta a ello, pero trataré de revisar cómo pensé yo en esa situación concreta y qué aspectos fui usando.

Lo primero que hice fue separar claramente el *plan*, del *build*, del *run*. Como en la gran película *Pulp Fiction* —escrita y dirigida por Quentin Tarantino en 1994— con el señor Lobo, si lo recordáis, mi primer paso fue pues entender de qué tiempo disponíamos y luego sobre todo de mantener mucho la calma —la holgura en todo es siempre importante, ya lo vimos—. Cinco minutos. Bien. Eso definió la estrategia de mi fase de planificación. No podía dedicar tiempo a *slides* muy trabajadas y con detalle. Tenía que poner todo mi foco en que yo era el PowerPoint —iré repitiendo, como ves, aprendizajes de aquí—. Y puse prioridad en mi mensaje principal, que, como el curso iba de esto, de hacer presentaciones, aproveché para usar como mensaje principal justo el de este mismo libro —*tú eres el PowerPoint*—. Como leíste al principio de la obra en la frase célebre de Steve Jobs justo al comienzo de esa «Nota personal», «La gente que sabe de lo que está hablando no necesita PowerPoint». También me apoyé en ello. Como sabía mucho de lo que estaba hablando, me encajaba perfecto para la situación de poco tiempo y no poder centrarme demasiado en diapositivas.

Mi mensaje principal estaba claro. Y para construir las *slides*, como el profesor proyectó una estructura que pedía seguir, decidí que adaptaría esa misma ordenación, pero usando palabras más mías que encajasen con el hilo conductor de mi mensaje principal. Y para su contenido, dado el tiempo, y como las imágenes son todo y queremos diapositivas sencillas —porque yo era el PowerPoint—, buscaría imágenes en Internet tan solo escribiendo el texto de esa *slide* —el objeto, recuerda— y pegándolas, rellenando con ellas todo el espacio de la pantalla —una por diapositiva—. O sea, portada con el título de la presentación, diapositivas para cada mensaje secundario con fondo oscuro y solo un minimensaje muy en grande, tras cada una de ellas las imágenes buscadas en Internet ocupando la pantalla entera, y un cierre contundente con mi mensaje principal. Ah, y un «Gracias» —recuerda lo visto en «Los pequeños detalles»—. Si la estructura solicitada por el profesor era de seis partes, la suma de todo eso me llevó a 15 diapositivas (portada, seis mensajes, seis imágenes, cierre, agradecimiento).

Un minuto pensando, otro escribiendo, otro buscando y pegando las imágenes, y el último minuto para revisar la coherencia de todo. Cumpliendo con holgura con el objetivo y dejando un minuto de reserva ante posibles contratiempos. Fíjate que también usamos lo visto en «El reloj», solo que aquí más enfocado en el tiempo para organizarnos en la planificación y la construcción —entonces lo vimos más para la ejecución, pero los principios son similares—. Y luego, naturalmente, durante la puesta en escena pusimos en práctica todo lo visto en «En el escenario». Con esa colección de diapositivas tan sencilla, no nos fue muy complicado respetar todas las reglas que aprendimos —las diez—, dado que con el escaso tiempo que teníamos nos forzaba sin opción a ello. Lo que me llevó de manera fácil a ser yo el PowerPoint.

## Cerramos el código

Hemos llegado al final de nuestro viaje hacia entender el código de la audiencia. Que nos permitirá, gracias a controlar nuestras emociones y entender e incidir sobre las de los demás, sentirnos verdaderos CEO de nuestra responsabilidad. Sentirnos Neo en el mundo Matrix y, por tanto, *esquivar las balas.*

Cuando empezamos el viaje, hablamos de hacer una pausa y tomar nuestra decisión —pastilla roja o pastilla azul, como en *Matrix*—. Y tras ello volver a entrar en el programa de la vida. Para buscar nuestra felicidad, pensando —como dijimos— que esta está afuera, en lo que no somos o no tenemos. Y descuidamos mirarnos adentro y buscarla ahí, en lo que ya somos y ya tenemos. De esto ha ido esta obra, de mirarnos dentro y dejar de estrellarnos fuera. Ahora, una vez tomada —tú, mi querido lector— tu decisión, nos toca despedirnos, deseando fervientemente que te haya aportado un granito de arena, más grande o pequeño, a tu más que seguro exitoso mundo de las presentaciones, dirigirte al público, la oratoria y tu audiencia. Exitoso porque, a independencia de si te sientas más fuerte, seguro o poderoso, ahora, tras tomarte tu pastilla —por el símil del concepto Matrix—, el simple hecho de acceder a esta lectura dice ya mucho de ti y de tu afán de superación en esta área. Por tanto, como querer es poder, y tú has querido, estoy seguro de que vas a dar un salto más que importante en ello.

Recuerda que esta obra cierra una saga. Son tres libros. Los tres conforman un programa que denominé *Sé el CEO de* y donde introduje el concepto Matrix —en alegoría a la célebre película de 1999 protagonizada por el gran Keanu Reeves—. Con este libro cierro el programa, como trilogía: primero ventas, luego inversiones y ahora audiencia. Como dijimos, los tres en cierto modo están interrelacionados entre sí, pero son de lectura independiente —no es necesario leer uno para entender el otro y puedes abordarlos en el orden que quieras—. Es un programa porque tienen un hilo común: un modelo muy disruptivo y diferente de gestionar cualquier cosa a través de las emociones. Los tres son válidos y replicables en la venta, la gestión de personas y la vida. Porque todo se trata de lo mismo: emociones. Detrás siempre hay personas, y si hay personas, hay emociones. Y nuestro objetivo será, como Neo hizo en *Matrix, esquivar las balas* de la vida.

Tan solo recordarte mi mensaje principal —ya no nos andamos con secretos, ¿verdad? —, porque de eso va esto también. De mi mensaje más importante y único de mí para ti que quiero que te lleves. Y detrás de él todo lo demás es un regalo que podrás tomar mucho, poco o parte. Pero mi mensaje principal —lo que he repetido decenas de veces a lo largo de la lectura— es mi ofrenda más suprema para ti. Quiero que te lo grabes bien hondo. Para mí escribir un libro es hacerme un tatuaje en el alma. Y que lo leas tú es en cierto modo su reflejo en ti. Tú eres el CEO de tu vida, tus ventas, tus inversiones, tu equipo, tus decisiones, tu felicidad, todo. Y ahora eres el CEO de tu audiencia también. Y con este código ahora vas a *esquivar las balas* como hizo Neo en el programa Matrix. Porque conoces el código. El código de tu audiencia. Y conoces también el mensaje principal de ese código.

Recuérdalo:

- Tú eres la presentación, no las *slides*.

Para finalizar, vuelvo a las primeras palabras de esta obra. La definición de CEO de acuerdo con https://definicion.de/ceo: «CEO es una sigla de la lengua inglesa que procede de la expresión Chief Executive Officer (que puede traducirse como oficial ejecutivo en jefe). El concepto alude al cargo que ostenta la persona que tiene la mayor responsabilidad directiva en una empresa». Como vimos en mi primer libro, *The Sales Matrix,* este es el nuevo auto *management* del siglo actual. De los *freelancers* (en español, autónomos o empleados independientes), no los empleados tradicionales. De la era digital y la nueva normalidad post pandemia que hemos vivido —y sufrido—. Y ahora con la IA —como comentamos al inicio— eres más poderoso todavía. Yo soy dueño de mí, de mis problemas y de mis resultados. Nadie más. Yo soy empresa, yo soy responsable, yo soy CEO. A independencia de mi rol y jerarquía. Yo soy el máximo y único responsable de esa empresa llamada *mi vida*. Yo soy el jefe, yo la lidero y yo decido mi pastilla.

Hemos acabado nuestro viaje. Y ya has elegido. Ahora, toma este código que acabamos de interiorizar y entra en el juego de la vida.

Te espero dentro.

Entrando en el programa...

# Referencias

*La lectura de un libro es un diálogo incesante, en el que el libro habla y el alma contesta*

ANDRÉ MAUROIS

Como obra ciertamente disruptiva y práctica —buscamos ser CEO de nuestra audiencia y, como tal, queremos ser simples, directos y ponérselo fácil al lector—, las referencias no han sido muchas, concretamente cinco. Y de esas cinco, nos hemos apoyado muy especialmente en una —como ya adelantamos y habrás podido comprobar—. Nos referimos al primer libro de la trilogía *Sé el CEO de* del programa Matrix, cubriendo con él un 99% del total de las conexiones utilizadas. Como biblia de referencia que representa —son 540 páginas y lo cubre casi todo: las ventas, la vida, la gestión de personas y la autogestión individual—, con sus principios universales, hemos construido un puente de enlace hacia cualquier concepto general requerido para esta tercera obra de la saga. Son cinco, pero podría incluso simplificarse en una sola.

Veamos a continuación estas cinco únicas conexiones. Dos libros, los que faltan de la trilogía, y tres películas, una por ser la base de Matrix, otra como modelo de ser el PowerPoint —nuestro mensaje principal— y la última como ejemplo de gestionar el tiempo en caso de apuro. El resto de las referencias externas son más vinculadas con publicaciones y se dejaron abiertas —por hacerlo más fácil y evitar tener que clicar o escribir la dirección exacta— a ser buscadas a través de Internet —especialmente en YouTube—.

## Libros

- *The Sales Matrix*, Carlos Ferrer, 2021.
- *The Trading Matrix*, Carlos Ferrer, 2022.

## Películas

- *Matrix,* Lana Wachowski y Lilly Wachowski, 1999.
- *El lobo de Wall Street*, Martin Scorsese, 2013.
- *Pulp Fiction*, Quentin Tarantino, 1994.

# Acerca del autor

# BIO

*Los discípulos son la mejor biografía del maestro*

DOMINGO FAUSTINO SARMEINTO

Carlos es un estratega de negocios, con formación en Ingeniería y más de 25 años de experiencia en ventas, IT (Tecnologías de la Información), servicios globales y transformación digital. Con pasión por un mundo digital a la vez que humano. Nació y vive en Barcelona, compartiendo estancias en Madrid de forma regular.

Ocupando siempre cargos vinculados con la dirección y las ventas, en multinacionales como Evolutio, BT, T-Systems o Siemens. Con rol de *digital2human evangelist* y *speaker* para diversas organizaciones relacionadas con la estrategia, los negocios, la innovación y lo digital. También es cofundador de HiCute.es, un proyecto de *moda para impresionar* dirigido a la mujer.

Estos son sus perfiles públicos en redes, donde muy activamente nos actualiza con mensajes de un mundo digital pero humano:

- https://www.linkedin.com/in/carlosferrersotillo
- https://twitter.com/carlosferrersot

# Navegador

# ÍNDICE

Reflexión previa ................................................................ 17

Prefacio .............................................................................. 23

Antes de nada .................................................................... 33

BLOQUE 1: Planificar (*plan*) ......................................... 45

BLOQUE 2: Construir (*build*) ........................................ 67

BLOQUE 3: Ejecutar (*run*) ............................................. 99

BLOQUE 4: Conclusión ................................................... 143

Referencias ........................................................................ 153

Acerca del autor ................................................................ 157

Navegador .......................................................................... 161

# CONTENIDO

Definición de CEO ................................................................ 9
NOTA PERSONAL .................................................................. 11
ÍNDICE.................................................................................15
    No poner índice....................................................................15
    Si pones algo, que sea abierto ............................................16
Reflexión previa ........................................................................17
    Dejar el ego en la puerta ................................................... 20
    Adaptar el mensaje al receptor ..........................................21
Prefacio ................................................................................... 23
    Concepto Matrix: ser Neo .................................................. 26
    Ser CEO ............................................................................. 28
    Abrimos el código .............................................................. 29
Antes de nada ......................................................................... 33
    ME PRESENTO .................................................................. 35
    ¿Quién soy?........................................................................ 35
    ¿Por qué estoy aquí? .......................................................... 37
    La perspectiva ................................................................... 38
    ESTRUCTURA DEL LIBRO ..................................................41

BLOQUE 1: Planificar (*plan*) ..................................................... 45
   EL MENSAJE PRINCIPAL ................................................... 47
      La inspiración ..................................................................... 48
      Momento eureka: el subconsciente trabajando ................. 49
      Tu momento inspiración ................................................... 50
      La IA (inteligencia artificial) ............................................ 51
      El uso de la IA ................................................................... 53
   LA ESTRUCTURA .................................................................. 55
      El primer paso ................................................................... 55
      Arquitectura de tu presentación ....................................... 56
      Producción y capacidad de producción ............................ 60
      Los *insights* ...................................................................... 61
      Las expectativas ................................................................ 62
      El *end2end* ...................................................................... 63
      La complejidad ................................................................. 64

BLOQUE 2: Construir (*build*) .................................................. 67
   EL POWERPOINT ................................................................. 69
      La realidad hoy ................................................................. 69
      Regla Nº1: Tú .................................................................... 70
      Regla Nº2: Uno ................................................................. 72
      Regla Nº3: 1+1=0 ............................................................. 73
      Regla Nº4: Alinea ............................................................. 74
      Regla Nº5: Grande ........................................................... 75
      Regla Nº6: Contrasta ....................................................... 76
      Preludio a la regla Nº7 ..................................................... 79
      Regla Nº7: Cinco .............................................................. 80
      Preludio a la regla Nº8 ..................................................... 81

## CONTENIDO

Regla Nº8: Por objetos .................................................................. 82  
Regla Nº9: Mínimo ........................................................................ 84  
Regla Nº10: Imagen ...................................................................... 85  
Compendio resumido de las 10 reglas ..................................... 87  
Y recuerda: la madre de todas las reglas ............................... 87  
DÍA -1 .................................................................................................. 89  
No *sobreensayar* ........................................................................ 89  
Los últimos *insights* .................................................................. 95  
BLOQUE 3: Ejecutar (*run*) ............................................................ 99  
DÍA 0 .................................................................................................. 101  
No reensayar ................................................................................ 101  
Repasar los puntos clave ......................................................... 102  
Llega 60 minutos antes ............................................................ 103  
Reenfócate 100% en el lugar .................................................. 103  
EN EL ESCENARIO ........................................................................ 105  
El sonido más importante ....................................................... 106  
Ser un orador de valor ............................................................. 108  
Diferenciarte siendo tú ........................................................... 108  
Hacerlo simple ............................................................................ 109  
La contraseña .............................................................................. 110  
El punto de enganche social .................................................. 111  
La sonrisa constante ................................................................ 112  
Los pequeños detalles ............................................................. 113  
No negar los sentimientos ..................................................... 114  
Las dos verdades ....................................................................... 115  
Escuchar para entender, no para responder ..................... 116  
Usar anclajes (PNL) ................................................................... 117

Ordenar 2, 7, 6, 5, ..., 1 .................................................................. 118
Secuencia de la presentación ............................................. 118
Los errores de secuencia ..................................................... 120
Proyectar un mensaje completo ........................................ 121
No sin integridad .................................................................. 122
Experiencias personales ..................................................... 122
La interacción ....................................................................... 123
El ego, bien lejos .................................................................. 124
Inspirar acción ..................................................................... 125
Repetir, repetir, repetir ....................................................... 126
Relativizar las magnitudes ................................................. 127
Crear suspense ..................................................................... 128
Usar descansos cognitivos ................................................. 129
Los nervios ............................................................................ 131
El foco en nuestro instante ................................................ 133
El reloj ................................................................................... 134
Los contratiempos ............................................................... 136
La puesta en escena ............................................................ 139

BLOQUE 4: Conclusión ............................................................. 143
Volvamos al principio ......................................................... 145
Cerramos el código .............................................................. 147

Referencias ................................................................................. 153
Libros ..................................................................................... 156
Películas ................................................................................ 156

Acerca del autor ......................................................................... 157
BIO ......................................................................................... 159

Navegador ................................................................................... 161

ÍNDICE ............................................................................. 163
CONTENIDO .................................................................... 165

www.ingramcontent.com/pod-product-compliance
Lightning Source LLC
Chambersburg PA
CBHW020420220526
45464CB00002B/506